KB267303

# 모양 없는 육체

# 모양 없는 육체

## Body Without Form

김곡 지음

교유서가

영원한 타자,
형배씨에게

**일러두기**

· 국립국어원 외래어표기법을 따르되, 참고한 서지의 표기와 일부 용어는 저자의
 의견에 따랐다.

오늘날 뱃살보다 긴급한 존재론적 문제는 없다. 늑골 밑에 들러붙어 물컹거리며 나를 능멸하고 있는 이놈이야말로 내가 싸워야 할 모든 적이 되어버렸고, 본디 몸짱이었을 나를 내가 되지 못하게 막고 있는 '내 안의 타자'가 되었으니 말이다. 어떤 핵 위협과 재난도 내 배둘레햄보다 두렵지 않고, 저 밤하늘의 별빛도 내 바디프로필 한 장보다 아름답지 않을 테니 말이다.

문제는 바로 거기에 있다. 오늘날 타자가 사라지고 있다. 몸속으로, 뱃살 속으로. 지난 세기 몸밖에서 위협하고 매혹하던 타자는 이제 모두 몸속으로 말려들어와, 뱃살과 내장지방만이 내가 치대야 할 유일한 타자가 되었다. 거의 '타자의 체내화'라고 할 만한 상황이다.

몸밖의 타자와 달리, 몸속의 타자는 얼마든지 변형가능하다. 헬스 코치만 잘 만나면 얼마든지 줄어들고, 돈만 내면

지방용해주사 한 방으로 흐물흐물 녹아진다. 하지만 그리 쉽게 변형되는 타자는 타자가 아니다. 주사 한 방으로 녹아지는 물컹물컹한 타자는 타자가 아니다.

이번 세기, 타자를 멸종시키고 있는 것은 정신이 아니라 몸이다. 식자들은 나르시시즘 문화에 따른 타자의 소멸을 개탄하지만, 이는 정신이 아니라 육체로부터 시작된 바다. 오늘날 몸은 세상 모든 타자를 흡수해 녹여버리는 타자 용융로처럼 기능한다. 그런 몸은 타자성은커녕 동일성의 인큐베이터가 될 뿐이다. 몸 자신의 타자성을 모르는 몸은 몸밖의 타자도 알 수가 없다. 피부 안쪽에서 타자감각을 잃으면 피부 바깥쪽의 타자감각도 잃는다.

타자는 육체의 문제이지, 결코 정신과 도덕의 문제가 아니다. 나르시시즘은 하늘에서 뚝 떨어지지 않았다. 메를로퐁티의 표현 그대로, 현대 나르시시즘은 "몸에서 분비된 것"이다.

몸의 변천과 사회 변화는 결코 무관치 않다. 다이어트 중독, 건강 염려증, SNS 과대망상증, 딥페이크 범죄, 스토킹과 가스라이팅 등 이 시대를 지배하는 사회현상들은 아무리 달라 보여도 동근원적인 하나의 현상이다. 모두 몸의 타자 감각의 퇴화가 초래한 타자 인지장애다. 몸에 대한 감각이 변하면 사회에 대한 감각도 변한다. 몸이 퇴행하면 사회도 퇴행한다.

이 책은 이러한 타자의 체내화 경향에 저항하기 위해 쓰였다. 몸을 그만 가꾸고 거지처럼 하고 다니자는 것이 아니다. 반대로 신체변형의 미학은 미를 왜곡하고 날조해 육체의 찬미를 육체의 경멸과 점점 일치시켜서 문제다. 그런 미학은 생명을 경시해서가 아니라, 육체가 살아낼 현실 자체를 경시해서 육체의 적이 된다.

굽이굽이 페미니즘에 빚졌다. 페미니즘은 육체철학이기 때문이다. 페미니즘이 육체를 성형해서 영혼까지 조작하려는 나르시시즘의 미학에 맞서 육체 본연의 타자성을 회복하려는 노력의 일체라면, 이 책은 수줍은 페미니스트다.

2026년 1월

김곡

# 목차

# 1

러닝머신이 죄수들을 처벌하던 19세기 고문기구에서, 현대 성형학이 전쟁에서 부상당한 병사들을 치료하던 안면 재건술에서 유래했다는 사실은 의미심장하다. 기술의 용도 변경이 시사하는 육체의 역사 혹은 그 물성의 역사가 있는 것이다. 지난 세기, 육체는 단단하고자 했다. 전쟁터와 감옥에 위치했으므로 갑옷과 무기로 무장하고 단련했다. 이때는 화장술도 방어술을 따라했다. 최초의 화장품은 돌가루였다. 이물질과 자외선을 방어하는 갑옷이었던 것이다.

지난 세기는 단단함의 패러다임이었다. 지난 시대를 대표하는 자유주의자, 프롤레타리아, 실존주의자들은 사상은 달랐어도 육체만은 같았다고 말할 수 있다. 끊임없이 무장하고 부딪히고 저항했으니. 그때 육체는 '호모사케르homo sacer'와 같았다. 추방되거나 감금되어 혼종 괴물로 변형되는 것이 곧 사형선고였으므로 더 단단해져야만 했던 존재들이다.

그러나 오늘날의 상황은 전혀 다르다. 전쟁터는 헬스장, 감옥은 다이어트 클리닉, 고문실은 성형수술실로 대체되었고, 이젠 무장하는 육체가 아니라 스스로 무장해제하여 헐벗은 육체가 더 찬미되면서 단단함은 불필요한 속성이 되었다. 화장품은 돌가루 대신 에멀션을 쓰고, 의복은 점점 더 얇아진다. 성형과 바디프로필이 유행한다. 더 많이, 더 빨리 변형되는 육체만이 살아남으며, 우린 감옥과 고문기구 대신 러닝머신과 수술대에 스스로 올라가 지난 세기 몸밖에서 치르던 전쟁을 이제는 몸속에서 치른다. 2024년 한 피트니스센터 홈페이지에는 다음처럼 공지되어 있다. "살과의 전쟁. 변화만이 살길입니다."

이번 세기, 거대한 패러다임 변환이 우리 몸안에서 진행 중이다. 지그문트 바우만에 따르면, 지난 세기를 지배하던 단단함solidity의 패러다임은 점점 액체성liquidity의 패러다임으로 대체되어왔다. 부딪히고 무장하고 불변하는 고체의 단단함과 달리, 액체는 쉽게 변하여 흐물거리고 "물렁물렁한malleable" 물성을 가진다.[1] 육체도 예외가 아닐 것이며 외려 그 중심일 것이다. 실제로 패션·뷰티·피트니스 산업에서 육체의 물렁함에 근거하는 조형기술만이 이전 세기를 졸업하고 비로소 대중화되었다. 의상은 보호기능에서 탈피하여 '바디셰이핑'한다. 바이오 화장품은 콜라겐 탄성까지 늘려서 '페이스셰이핑'해준다. 건강의 개념도 바뀌었다. 지난 세기 의학은 단단함의 속성(불변성·내구력…)으로 건강을 정의했다. 그러나 현대 미용의학과 다이어트법은 단단한 셀룰라이트를 녹이고 연골과 혈관까지 조형하는 것을 목표로 한다. 건강은 '이너 뷰티'와 동의어가 된다.

미의 개념도 바뀌었다. 단단함의 패러다임에서 아름다움은 단단한 것의 물성(형상성·지속성…)으로 규정되었다. 그러나 이번 세기의 아름다움은 어디까지 변형될 수 있는지

....................

**1**  지그문트 바우만, 이일수 옮김, 『액체근대』, 강, 2009, 서문, 16쪽. "단단한 것은 한번 빚으면 끝이지만, 액체를 한 모양으로 유지하는 것은 끊임없는 노력이 필요하다."

로 규정된다. 2020년부터 ‘프로아나’가 유행이다. 뼈까지 드러나는 깡마른 체형을 만들기 위해 SNS에 모여 변비약을 추천하기도 하고 ‘먹토’ 노하우를 공유하기도 한다. 그들이 목표하는 체중은 30킬로그램이다.

이 모든 조형기술은 이미 단단함의 패러다임과 구분되는 물렁함의 패러다임 속에 있다. 육체가 단단하다고 규정하는 단단함의 패러다임과 달리, 물렁함의 패러다임은 육체가 물렁하다고 규정하는 지식과 기술의 체계다. 특히 성형의학은 이런 패러다임 전환에 의해서만 비로소 미용의 범주가 된다. 기껏해야 얼굴 피부를 이어붙이던 지난 세기의 안면재건술과 달리, 현대 성형술에선 몸의 어떤 부위도 자유자재로 변형된다. 이제 몸에 더이상 단단한 부위란 존재하지 않는다. 지방은 녹아지고(지방흡입·용해), 이물질과 융합된다(실리콘 이식). 본인의 조직을 사용하면 생착률도 높아진다(자가지방·자가연골·BBL). 근육도 늘리고 줄이고(보톡스·리프팅), 뼈도 떼고 붙인다(안면윤곽·일리자로프). 액화된 지방은 “얼굴이나 몸통의 모양을 바꾸고 싶을 때에는” 다시 이식하여 몰딩할 수도 있다. 특히 “귀 연골은 다양한

형태로 윤곽 형성이 가능"하다.[2]

물렁함은 무한한 변신에의 충동이다. 우리는 지난 세기의 패러다임을 살았던 '단단한 육체solid body'와 구분하여, 이번 세기를 살아가는 '물렁한 육체malleable body'를 아무데나 떼고 붙이고 늘리고 줄이며 **끊임없이 변형가능한 육체**로 정의할 수 있을 것이다.

물렁한 육체는 기존 철학으로는 잘 해석되지 않는다. 전근대철학은 영혼만이 진리를 인식하는 주체이며, 육체는 그 장애물일 뿐이라고 말한다. 탈근대철학은 육체만이 세계에 참여하는 주체이며, 영혼은 그 구성물일 뿐이라고 말한다. 그렇다면 물렁한 육체는 오직 자기 자신의 변형에만 참여하는 주체다. 그는 물렁물렁함만을 진리로 인식한다.

전통적인 정신-육체 구분법은 더이상 먹히지 않는다. 육체가 내면을 지키는 도구나 수단이라는 생각은 지난 세기의 패러다임이다. 반면 물렁함의 패러다임에서 육체는 변

........................

2 　대한성형외과학회, 『표준성형외과학Ⅰ』(제3판), 군자출판사, 2019, 12장, 140쪽 ; 9장, 110쪽. 지방 및 연골이식 부분.

형할수록 불어나는 재산이자 스펙이며, 성형할수록 드러나는 내면이자 정체성 자체다. 이번 세기, 어떤 의미에서도 육체는 나의 도구가 아니다. **육체가 곧 나 자신이다.** "예쁘면 다다."

'사회도 자연의 질서를 모방하는 육체'라는 고전 학설도 수정이 불가피하다. 19세기 유기체론은 각 부분들이 분화될수록 "연대하는consolidate, binden" 유기체를 전제한다.[3] 연대solidarity는 단단함solid의 속성이다. 반면 이번 세기, 자연의 질서 대신 조형기술의 질서만을 모방하며, 그 구성원들을 자유자재로 떼고 붙이며 구조조정해가는 현대사회는 매일매일 다이어트하고 성형되는 물렁한 육체에 더 가깝다. 연대는 와해된다. 사회는 육체를 닮는다.

과학기술이 육체를 변화시킨다는 생각은 틀린 것이다. 인간의 육체가 물렁함을 먼저 욕망하지 않았다면 저분자

........................

**3** Herbert Spencer, *The Principles of Sociology*, Williams and Norgate, 1877, Vol.1, II, §226, p.487 ; Constantin Frantz, *Vorschule zur Physiologie der Staaten*, Schneider, 1857, chap.V, p.137 ; chap.VIII, p.253.

콜라겐을 먹고서 혈관이 조형된다거나, 복부지방을 떼어 엉덩이에 이식한다는 관념은 생겨나지도 합의되지도 않았다는 점에서 그렇다. 물렁함은 은유가 아니다. 물렁함은 이제 우리가 스스로를 감각해내는 새로운 기술이자 능력이며, 이 시대를 살아남기 위해 육체로부터 발견해내야 하는, 안 되면 발명이라도 해내야 하는 '내 몸안의 스펙'이다. 그러니, 오늘 하루도 우린 콜라겐 드링크를 마시며 바디셰이퍼를 입었고, 바디프로필로 자기소개서를 대신하고 성형으로 자격증을 대신했으며, 하다못해 뽀샵질로 보정하지 않은 셀카는 포스팅하지 않았다는 사실은 이 사회 전체가 이미 단단함의 패러다임을 지나 물렁함의 패러다임을 살아가고 있음을 의미한다. 우리 모두가 온몸을, 그 각 부위를, 지방과 근육부터 핏줄까지 구석구석 물성변환하고 있음을 의미한다. 단단한 육체에서 물렁한 육체로.

가장 큰 차이는 저항성resistance이다. 사르트르는 『존재와 무』 마지막 장에서 물렁물렁한 반죽을 분석한 바 있다. 그에 따르면, 단단한 것은 타자에 부딪히고 "저항한다." 그러나 **물렁한 것은 저항하지 않는다.** 그가 타자를 먼저 "흡수하여" "녹여버린다." 그래서 아무데나 자르고 붙이고 늘리고 줄여도 "영원히 변화하여 그것 자체가 된다."[4]

물렁함의 패러다임은 "등질성"[5]의 체계다. 여기선 모든 대타적 관계가 지방과 실리콘의 등질적 관계로 환원되어 모든 것이 동화 가능한 것이 되고, 그만큼 저항성은 불필요한 것이 된다. 이는 오늘날 보형물에 대한 거부반응을 없는 일로 간주하거나, 그러다 초래되는 죽음은 한낱 의료사고로 치부하는 저항감의 둔화 경향과 결코 무관치 않다. 2025년 한 성형외과 홈페이지엔 실리콘 보형물을 다음처럼 홍보하고 있다. "완벽하게 흡착되어 이물감이 거의 없으며, 촉감도 내 몸의 일부인 것처럼 자연스럽습니다."

일반적으로 물렁한 육체에게 타자란 없다. 실상 단단함의 패러다임의 대전제는 **타자의 단단함**이다. 타자도 단단해야 육체와 저항되는 것이다. 그러나 물렁한 육체에게 그런 엄격한 의미의 타자란 있을 수 없다. 단단함을 느낄 저항감

.........................

4    장폴 사르트르, 손우성 옮김, 『존재와 무 II』, 삼성출판사, 1977, 4부 2장 3절, 448쪽, 450쪽, 446쪽.

5    같은 책, 446쪽.

이 없는 그에게 타자란 좋으면 붙이고 싫으면 떼어내는 물렁한 실리콘처럼 주어질 뿐이다. 하지만 물렁물렁한 타자는 타자가 아니다. **물렁한 육체는 반드시 나르시시스트다.** 그는 변형할수록 진짜 타자는 점점 알지 못하는 폐쇄원환 속에서 자기변형을 "스스로 원한다는 결론에 이른다."[6] 타자에 대한 감각이 바뀌면 세상에 대한 감각이 바뀐다. 물렁함의 패러다임은 육체의 물성을 바꾸어 그가 살아가는 세상을 바꾼다.

패러다임의 변화가 헬스장과 수술대 위에서만 일어나는 일이라고 오해해서는 안 된다. 신경과학이 밝히듯이 두뇌도 가소적malleable이다. 실상 패러다임 변화는 신경질환에서 가장 잘 드러난다. 지난 세기를 지배했던 신경질환은 히스테리다. 히스테리는 단단한 타자에 억눌려 신체가 경직되는 마비증이다. 타자에 저항하기 위해 스스로 감각을 폐쇄하는 PTSD도 같은 범주다.[7] 히스테리와 PTSD는 단

6  김은실, 『여성의 몸, 몸의 문화정치학』, 또하나의문화, 2001, 3장, 141쪽.

7  베셀 반 데어 콜크, 제효영 옮김, 『몸은 기억한다』, 을유문화사, 2016, 4장, 119쪽. 물론 PTSD에서도 해리증상이 나타나지만, 이 역시 타자(트라우마)의

단함의 패러다임에 속한다. 그러나 이번 세기에 유행하는 BDD·과대망상증·정신분열증·경계선 및 자기애성 성격장애는 타자를 자신에게 맞거나 맞지 않는 보형물 혹은 액세서리처럼 감각하는 나르시시즘적 망상증에 근거한다. 맞으면 집어삼키고 맞지 않으면 분열한다. 김종갑의 표현대로 "자기 몸에 들어와 있는 타자의 살에 보깨며 시달리는"[8] 상태인 것이다. 이는 자아의 경직성으로 설명되지 않으며, **타자마저 제멋대로 떼고 붙이려는** 자아의 연질화된 상태로만 설명된다.

빌헬름 라이히는 정신질환의 큰 두 범주를 육체의 상태로 재정의했다. 강박신경증은 육체가 너무 "무장하는Panzerung" 경우다. 이때 육체는 외부 타자에 강박적으로 방어하다가 "주변부가 경직되어" "자기 피부 속에 갇혀 있다"고 느낀다.[9] 반대로 편집망상증은 육체가 너무 "무장해제"되는

......................

재현에 저항하기 위해 그 기억을 분해하는 방어 과정이다(11장).

**8** 김종갑, 『타자로서의 몸, 몸의 공동체』, 건국대학교출판부, 2004, 4장, 142쪽. 정신분열적 신체 부분.

**9** 빌헬름 라이히, 윤수종 옮김, 『오르가즘의 기능』(1942), 그린비, 2005,

경우다. 이때 육체는 경직되기는커녕 자신의 윤곽을 상실하며 "흐물흐물 녹아진다." 세계와의 "경계까지 와해되며" 외부감각과 내부감각이 뒤섞이므로 타자는 이제 몸밖이 아니라 몸속에서 느껴지고, 이는 "내장이 녹는 감각"으로도 나타난다. 자아분열이 촉진되며, 최악의 경우 체내감각을 얼마든지 "변형"시킬 수 있다는 "망상의 체계"를 구축한다.[10]

전자의 경우가 단단한 육체다. 그는 강박증자다. 그에겐 적어도 저항할 타자가 있다. 지난 세기의 실존주의자나 프롤레타리아가 그런 강박증자로서, 그들은 타자에 저항하다가 너무 경직될지언정 분열의 걱정은 없었다. PTSD조차 저항의 일환이다. 반면 이번 세기 물렁한 육체는 강박증자가 아니라 편집증자다. 그래서 나르시시스트다. 스스로 무장해

........................

8장, 303~304쪽. 잘 알려진 대로 라이히는 프로이트를 비난했다. 정신을 분석하는 데 육체를 도외시한다는 이유였다. "정신질환의 뿌리는 육체에 있었다"(310쪽). 라이히는 프로이트 학파와 결별한다.

**10** Wilhelm Reich, *Character Analysis*, trans. Theodore P. Wolfe, Orgone Institute Press, 1949(3rd Edition), chap. XVI, p.401, p.402, p.450 ; 12th session, p.426 ; 23rd session, p.456. "인간은 두 부류다. 무장한 자와 무장하지 않은 자"(p.452).

제하여 경계를 와해시키는 그에게 **저항될 타자란 없다**. 그래서 그는 타자의 얼굴과 실리콘이 "자기 것으로 느껴지지 않는"[11] 분열을 감수하며, 타자에 저항하는 대신 그를 흡수하여 자기 자신을 무한히 성형할 수 있다고 망상한다. 물렁한 육체는 PTSD를 모른다. 더 변형하면 안 된다는 의사 소견만이 그의 유일한 트라우마다.

2022년 한 성형외과 체인이 '허파고리'를 대대적으로 홍보했다. '허리 파서 골반에 이식한다'는 자가지방이식 상품이다. "몇 년 동안 모은 지방인데 그냥 빼버리기엔 아깝지 않아? 골반에 양보하세요." 이것이 물렁한 육체의 정확한 표상이다. 이상적인 상태에서 그는 세상 모든 타자를 체내에서 충당하므로 여기 떼고 저기 붙여도 자기 자신이 되는 절대적 동일자이고, 아낄 타자도 남길 타자도 모두 자급자족하는 유아독존 나르시시스트다. 그는 변신할수록 점점 세계가 저 밖에 있음을 알지 못하는 편집증자이기도 하다. 과연 그는 1그램도 버릴 수가 없을 것이다. 검소해서가 아

........................

11　Ibid., chap. X VI, 19th session, p.439.

니다. 그에겐 뭔가를 내버릴 외부가 아예 없다.

식자들은 성형이나 헬스 중독이 정치적 퇴행의 결과라고 개탄하지만, 엄밀히 말해 물렁한 육체는 투쟁하고 싶어도 할 수가 없다. 투쟁할 외부가 없다. 두려워하고 싶어도 할 수가 없다. 두려워할 타자가 없다. 저항하고 싶어도 할 수가 없다. 저항할 세계가 없다. 이미 모두 녹아지고 없다. 이 시대의 육체는 운명적으로 나르시시스트다. 싸울 세계가 자기 자신밖에 없는 그는 오직 끝없는 자기변형을 통해서만 세상을 인식할 수 있을 뿐이다. 이번 세기, 우리는 바꿀 것이 몸밖에 없어서 성형하고 다이어트한다.

범죄의 양상도 완전히 달라진다. 지난 세기 범죄는 단단함이 무기였다. 과거 조직폭력과 무장강도는 타자를 억압하는 조직성과 강직성에 근거했다. 그러나 이번 세기를 지배하는 스토킹, 가스라이팅, 묻지마 테러, SNS 성착취 같은 범죄들은 견고한 조직력을 필요로 하지 않는다. 외려 위장된 얼굴로 타인들 속으로 녹아들어가서 누구 하나 걸려들면 세상 끝까지 들러붙다가 집어삼키는 점착성이 곧 무기다. 과거 범죄가 강박증적·조직적·타자억압적이라면 현대 범죄는 편집증적·점착적·자기애적이다.

물론 스토커나 가스라이터가 꼭 성형중독은 아니다. 그러나 그들은 반드시 자아를 성형한다. 현대를 특징짓는 모든 폭력은 타인을 보형물삼아 자아를 성형하려는 **나르시시즘적 변신망상**에 근거한다. 현대 범죄가 유독 인터넷에서 기승을 부리는 것은 우연이 아니다. 거기선 우리 모두 성형중독자다.

물렁한 육체의 도래는 네트워크 사회의 진화와 무관치 않다. 특히 인터넷은 전통사회가 유지해온 단단한 경계들을 허물어 저항 없는 네트워크 반죽덩어리blob를 창출해냈다. 거기서 우리는 아무나 될 수 있는 만큼 아무에게나 붙고 떨어질 수 있다. 인터넷은 점착기계다. 그것은 인간을 **아무데나 떼서 아무데나 붙일 수 있는 존재**로 만든다. 어떤 저항도 없이. 물렁함의 시대에 이르러 신자유주의와 자기계발론이 유행하는 것은 우연이 아니다. 그것이 설파하는 '나는 아무나 될 수 있다'는 슬로건은 '나는 한없이 물렁할 수 있다'는 저항 포기각서에 지나지 않는다.

지난 세기, 실존주의자가 성형을 하지 않았고, 프롤레타리아가 벌크업을 하지 않았던 것은 그런 기술과 문화가 없었기 때문만은 아니다. 있어도 그들은 하지 않았을 것이다. 육체가 물렁하면 저항하는 데 방해만 된다. 반대로 이번 세기, 전투가 지방을 태우는 데 도움이 되고, 혁명이 벌크업에 도움이 되더라도 현대 인간은 하지 않을 것이다. 육체가 단단하면 변형하는 데 방해만 된다.

인간이 점점 사물화된다는 견해는 사실이 아니다. '사물'에는 아직 너무 많은 단단함이 남아 있다. 오늘날 인간은 물렁물렁해지고 있다. 떼고 붙이는 대로 모양도 바뀌고 정체성도 바뀌는 "사물의 반죽pâte des choses"[12]이 되어간다. 그에 따라 사회도 개인을 어디든 이식할 수 있는 실리콘 덩어리처럼 취급하지만, 개인 자신도 살아남기 위해 아무데나 엉기고 아무나 되는 것에 익숙해져가며 그런 점탄성을 건강함이라 착각한다. 그에 동반되는 사회적 수준의 "방향 상실, 최면상태, 자동증, 납굴증, 반응 둔화"[13]와 같은 집단 분

......................

12  장폴 사르트르, 방곤 옮김, 『구토』, 문예출판사, 1999, 238쪽.

13  Wilhelm Reich, *Character Analysis*, chap. X Ⅵ, p.435.

열중상은 의학과 정치권의 문제로 떠넘기며. 각종 조절장애나 묻지마 범죄 같은 사회적 성형부작용은 그때 터져나온다.

그러니까, 물렁한 육체는 **개인의 이식 가능성**이 보편화된 '성형사회'에서만 나타나는 육체 유형이다. 그것은 '변화만이 살길'이라며 개인을 이리저리 떼고 붙이며 목적 없는 변형만을 계속하지만 정작 제자리 제 모양은 찾지 못하는 'BDD 사회'이기도 하다. 모든 대타적 관계가 지방과 실리콘의 등질적 관계로 전락한 여기에 단단한 타자란 없다. 이미 녹아지고 없다. 성형사회는 **나르시시즘 사회**다. 거기선 연대, 공동체, 계급, 이념 등 우리가 지난 세기까지 믿고 의지해온 "모든 단단한 것은 녹아진다."[14]

오늘날의 물렁한 육체에 비하면, 지난 시대의 육체는 얼마나 견고하고 굳건했던가. 바위처럼 단단한 권위와 총칼 앞에서도 기어코 무장하고 저항했으니. 2011년 김진숙은

14  칼 마르크스·프리드리히 엥겔스, 최인호 외 옮김, 「공산주의당 선언」, 『칼 맑스 프리드리히 엥겔스 저작 선집 1』, 박종철출판사, 1991, 403쪽.

사측의 구조조정에 맞서 조선소 크레인에 올라가 단식농성을 시작했다. 노사가 합의에 이르러 크레인에서 내려와 구급차에 오를 때 그녀의 몸은 영양실조로 인해 극도로 말라 있었다. 고공농성을 시작한 지 309일째 되는 날이었다. 2020년 한 프로아나가 SNS에 다음처럼 썼다. "프로아나 기준 키 163에 뼈말라: 38킬로그램, 개말라: 43킬로그램, 말라: 47킬로그램 나도 개말라 되고 싶다. 예쁘고 싶은 게 아니라 걍 말라비틀어 뒤지고 싶음." 이것이 단단한 육체와 물렁한 육체의 차이다. 단단한 육체는 강박증자다. 그가 단식을 한다면 더더욱 무장하여 구조조정에 저항하기 위해서다. 그러나 물렁한 육체는 거꾸로다. 그가 자신을 먼저 구조조정한다. 편집증자이자 나르시시스트인 그에겐 자신의 살만이 세상 전부다. 그래서 모두 말랐다고 하는 데도 들리지 않고 '걍 말라비틀어 뒤지고 싶은' 것이다. 아마 프로아나는 파업하지 않을 것이다. 자신의 지방을 파업하기에도 너무 바쁘다.

물렁한 육체의 출현은 존재의 위기를 알린다. 지난 세기까지도 존재는 단단함의 패러다임에 속해 있었다. 전통 존재론에 따르면, **존재는 단단하다.** 존재는 타자에 의해 "구멍" 나고 "내출혈"[15]되므로 항상 불안하며, 그래서 저항한다. 구토는 그 일차적인 거부반응이다. 단단한 육체는 실존주의자다. "나는 반항한다. 고로 존재한다."[16]

그러나 물렁한 육체는 상처나지 않는다. 물렁물렁해서 상처나도 금방 메워진다. 상처나지 않으니 불안해할 줄도 저항할 줄도 모른다. 구토하는 대신 먹토하며 더 허물어지고 녹아지기를 욕망할 뿐. 물렁함의 패러다임은 육체에게서 고통을 감지하는 능력을 제거해 **불안을 느끼는 능력마저 제거한다.** 물렁한 육체는 엄격한 의미에서 존재한다고 말할 수도 없다. 그의 존재도 이미 녹아지고 없다.

진화생물학의 일반론에 따르면, 생명체의 진화는 각 기관들이 분화되며 "단단히 결합되는 이질성coherent heterogeneity"의 발달이다. 그렇다면, 날이 갈수록 "구조도 모양도 없이" "흐물흐물한gelatinous" 원생동물[17]의 육체를 닮아가고

---

15　장폴 사르트르, 손우성 옮김, 『존재와 무 I』, 삼성출판사, 1977, 3부 1장 4절, 439쪽, 441쪽.

16　알베르 카뮈, 김화영 옮김, 『반항하는 인간』, 책세상, 2003, 46쪽.

있는 오늘날의 인간과 그들의 사회는 진화선상에서 한 발자국도 나아감 없이 외려 역진화하고 있는 것은 아닐까.

일찍이 지금처럼 육체가 찬미된 적은 없었다. 하지만 동시에 이토록 육체가 경멸되고 학대된 적도 없다. 분명 '이너 뷰티'는 미학이 되었으나, 이는 뷰티가 정치적 사태임을 은폐하기 위해서다. 우린 그저 아름다워지려고 성형하거나 다이어트하지 않는다. 우린 내 자신이 얼마나 모양을 잘 바꾸는지, 내 존재가 얼마나 흐물흐물할 수 있는지, 그로써 내가 얼마나 아무나 될 수 있는지를 증명하고 과시하기 위해서 성형하고 다이어트한다. 육체 고유의 방어기제는 생체 폐기물통에 처박으며 속으로 곪아가는 살은 SNS에 전시하며. 타자 상실의 "정치적 허기를 신체적 허기라고 착각"[18]하며 거식과 폭식을 반복하며. 이번 세기, 뷰티는 존재론적 재난이 되었다. 미의 문제는 곧 생사의 문제다. 가장 큰 피해

........................

**17**  Herbert Spencer, *The Principles of Biology*, Williams and Norgate, 1880, Vol.1, §54, p.151 ; §53, p.145, p.148.

**18**  정희진, 『페미니즘의 도전』, 교양인, 2005, 1부, 101쪽. "여성의 섭식장애는 지극히 정치적인 문제다."

자는 육체 자신이다.

'의료사고'란 없다. 오늘날 오남용되고 있는 것은 의료기술이 아니라, 육체 자체라는 점에서 그렇다. 거대한 수술대가 되어버린 네트워크 안에서 일어나는 모든 유형의 폭력과 비극이 '사회적 의료사고'라는 점에서 그렇다. 지방을 아무데나 떼서 아무데나 붙이듯이 개인을 아무데나 떼서 아무데나 붙이는 데서 비롯되는 **사회적 저항감각의 퇴행** 자체가 이미 수술실 밖의 의료사고라는 점에서 그렇다.

사르트르는 물렁한 반죽을 만지는 것에 교육적 효과가 있다고 믿었다. 물렁한 것을 만질 때 그 속으로 빨려들어가는 경험을 통해 "존재의 저항"을 배운다는 것이다. 물렁함의 경험은 존재의 "견습기간"이다.[19] 그러나 그런 견습기간은 지난 세기와 함께 끝났다. 이번 세기, 육체는 물렁한 것을 주물럭거리는 존재가 아니다. 그 자신이 먼저 주물럭거려지는 반죽존재다. 그는 견습생이 아니라 실습생이다. 동시에 실습재료다.

........................

19  장폴 사르트르, 『존재와 무II』, 4부 2장 3절, 450쪽, 443쪽.

아감벤이 말하는 '호모사케르'는 더이상 유효하지 않다. 그는 변형되지 않으려 단단해져야만 했던 근대적 인간이었다. 그러나 오늘날 신체변형은 형벌이 아니라 자랑거리다. 생존법칙이자 공중도덕이다. 이번 세기, 살기 위해 물러져야만 하는 패러다임을 살아가는 우리 모두는 반죽존재들이다. 무쇠보다 단단했던 권력과 부딪히던 호모사케르가 아닌, 실리콘보다 더 물렁물렁한 네트워크 반죽 안에서 이리저리 뜯겨 여기저기 이식되는 '호모플라스티쿠스homo plasticus'다. 죽어도 이 결론을 막을 수 없다. 죽음이란 타자도 이미 녹아지고 없다.

“자기 자신과 싸우고 싶은 헬린이들 대모집. Before After 달라지지 않으면 전액 환불. ※ 3분할 운동으로 총 4세트씩 진행됩니다.”

헬스는 건강이 아니다. 건강은 병균 같은 타자에 저항하는 “내구력endurance”으로 정의된다. 내구성은 단단함의 속성이다. 건강은 단단함의 패러다임에 속한다. 반면 이번 세기에 유행하는 헬스 혹은 피트니스fitness는 건강과는 아무런 상관이 없다. 횡문근융해증과 거식증에 시달리면서도 뛰고 또 굶는 것은 오직 나를 변화시키기 위함이며, 그만큼 어디든 ‘핏fit’할 수 있는 물렁물렁한 물성을 개발하기 위함이다.[1]

물론 지난 세기에도 운동은 했다. 그러나 그것은 어디까지나 타자에 맞서 저항하는 훈련의 연장선이었다. "최선의 체육은 군사훈련으로부터 온 것이다."[2] 반면 헬스는 그런 외부 타자를 상정하지 않는다. 내가 싸워야 할 유일한 타자는 몸속의 지방뿐이다. 헬스는 타자를 체내화한다.

건강과 달리, 헬스는 물렁함의 패러다임에 속한다. 아무리 딱딱한 근육으로 무장한들 헬스하는 육체를 단단하다고 볼 수 없다. 그의 행복은 횡문근이 녹아지더라도 몸의 각 부위가 "구석구석 조각"[3]되리라는 변형가능성에 있기 때문이다. 건강과 헬스는 대립한다. 단단한 육체만이 건강할 수 있고, 물렁한 육체만이 헬스할 수 있다. 이 둘은 결코 혼동될 수 없다.

가장 큰 차이는 시간성이다. 건강은 지속성이다. 오래도

.........................

1   지그문트 바우만, 이일수 옮김, 『액체근대』, 강, 2009, 2장, 124~125쪽. 피트니스 부분.

2   플라톤, 박종현 옮김, 『국가·정체』, 서광사, 1997, 3권, 404b. 플라톤도 건강을 단단함으로 정의한다. "변화를 가장 덜 겪는 상태가 가장 건강한 것이다"(2권, 380e).

3   양치승, 『근육저승사자 양치승의 지옥 트레이닝』, 비타북스, 2019, 24쪽.

록 제 모양에 머무르는 속성이다. 그러나 역시 지난 세기 얘기다. 오늘날은 정반대다. 노동의 유연화로 인해 어떤 직종에도 빨리 적응하는 자질이 요구되며, 인터넷과 스마트폰이 보편화되고 일과 휴식의 경계도 철폐되었다. 시시각각 달라지는 환경에 따라 순간순간 변신하는 몸만이 대접받으며, 실패하면 자기관리 부족으로 낙인찍어 그 즉시 내다버리는 인스턴트 사회가 도래했다. 일정 모양에 머무름은 장애나 범죄와 동의어가 된다.

헬스는 이 새로운 시간성을 연습하는 대중 커리큘럼으로서 기능한다. 실상 헬스장은 현대사회의 축소판에 불과하다. 거기선 지속하는 모든 것이 죄악시된다. 시간은 분과 초 단위로까지 잘게 분해되어 관리되며, 체중·골격근량·체지방량에 따른 세트 수와 반복 횟수를 나누고, 하나의 동작마저 초 단위의 편심성·동심성 자세로 분해된다. 잠시라도 머무르려다 "망가지는 것은 한순간"[4]이다. 그러니, 매순간 뛰고 또 굶는다.

........................

4    이혜영, 『이혜영의 뷰티 바이블』, 살림출판사, 2009, 65쪽.

헬스의 시간성은 '순간instant'이다. 이는 이 시대의 모든 육체가 살아가는 시간성이기도 하다. 그건 아예 시간이 아니다. 지난 세기 단단한 육체에게는 적어도 시간은 흘렀다고 할 수 있다. 일정 모양을 지키는 것만으로도 시간은 느껴졌고, 타자에 부딪혀 부서지기라도 하면 더 잘 느껴졌을 테니까. 그러나 이번 세기 물렁한 육체에게 시간은 흐르지 않는다. 한 모양에 잠시라도 머무름을 견딜 수도, 믿을 수도 없는 그는 이 **모양 저 모양 갈아타는 한 순간**에 존재할 수 있을 뿐이며, 시간은 그런 순간들의 연쇄로만 경험할 수 있을 뿐이다. 그래서 Before-After다.

헬스는 자기계발론이기도 하다. 순간의 계발이기 때문이다. 그에 따르면, 몸은 나의 스펙이자 재산이고, 심지어 나 자신이다. 지방에 둘러싸여 아직 보이지 않을 뿐. 그러니 매일매일 뛰고 또 굶어서 "나를 덮고 있는 것들을 걷어내야 한다. 그러면 진짜 나와 마주하는 시간이 올 것이다." 순간이란 "나를 알아가고 나와 연애하며 나를 사랑하게 되는 시간"이다.[5] 순간은 나르시시즘적이다.

순간을 그저 짧은 시간이라고 오해해서는 안 된다. 순간은 무한히 확장되며 중독과 폭주를 낳는다. 실제로 한번 만든 몸은 지방을 더욱 저장하므로 몸매를 유지하려면 갑절의 노력이 필요하다. 그러니 바디프로필을 찍었던 최고의 순간은 1년 365일로 확장되어 매일매일이 헬스하는 날이 되고, 매분 매초가 다이어트하는 날이 된다. 그는 아무리 뛰어도 동일한 중심을 돌고 돌며 동심원을 확장해나갈 뿐인 하나의 영원한 순간 속에 감금되어 있다. #오운완은 순간 속에서는 결코 운동이 완료되지 않기에 유행한다. 헬스중독은 순간중독이다.

순간은 분명 감옥이지만, 과거와는 전혀 다른 방식이다. 푸코에 따르면, 지난 세기의 감옥에는 적어도 명령하는 감독관이 있었다. 잘 길들여지면 육체는 알아서 작동하는 "기계장치"의 부속품처럼 된다. 기계장치는 단단함의 패러다임에 속한다.[6] 반면 순간에는 그렇게 명령하고 지시하는 외

.........................

**5**    오우진, 『마인드 & 바디밸런스』, 한국경제신문, 2021, 191쪽, 37쪽. 강조는 인용자.

**6**    미셸 푸코, 오생근 옮김, 『감시와 처벌』, 나남, 2003, 4부 1장, 368쪽. "감옥은 기계이고 수감자는 톱니바퀴이다."

부 타자가 없다. 헬스장의 전신거울과 인바디 측정기가 타자를 은폐하며, 육체는 자기 내부에서 오는 신호에 순간순간 반응하기 바쁘다. 구석구석 조형하기 위해서다. 반죽은 물렁함의 패러다임에 속한다. 순간은 거울감옥이다.

물론 같은 점도 있다. 지난 세기의 감옥은 감시를 내면화했다. 오래도록 "양심"이라는 내 안의 타자가 나를 감시하도록.[7] 헬스도 감시를 내면화한다. 순간순간 내 몸이 나를 감시하도록. 헬스는 몸을 유일한 현실로 만든다.

헬스를 개인의 취미나 취향 정도로 치부해선 안 된다. 헬스는 헬스장에 등록하지 않은 누구라도 따라야만 하는 문화 권력으로 기능하며, 마음마저 몸으로 환원하는 폭력적 심신일원론을 통해 대중의 정신까지 개조하려고 한다. 그 무자비한 논리에 따르면, 독립적 실체로서의 마음이란 없다. "몸 근육"과 함께 조형되는 "마음 근육"이 있을 뿐. 감정이라는 실체도 없다. "몸자세를 교정하면서" 함께 교정되는 "마음자세"가 있을 뿐. 그러니, 매순간 뛰고 굶으면 "자존감

..........................

7    같은 책, 3부 3장, 314쪽 ; 4부 1장, 362쪽.

까지 말캉말캉"하게 조형할 수 있다.[8]

바디프로필은 그래서 유행한다. 바디가 프로필을, 그 변형력이 정체성을 대신하는 사회가 아니면 바디프로필은 결코 유행하지 않는다. 당신이 헬스를 하건 안 하건 상관없다. 거기선 누구나가 순간중독자다. Before-After를 노동하고 경쟁하며 살아간다.

사람들은 바디프로필이 조각상 같다고 말하지만, 둘은 전혀 다른 패러다임이다. 지난 세기 조각상은 콘트라포스토contrapposto로 만들어졌다. 외부 타자에 저항하며 버티고 선 자세다. 반면 바디프로필에는 그런 외부지향적 자세가 없고, 으레 흐느적대며 우주공간을 홀로 부유하는 것처럼 연출된다. 순간이 외부를 지웠다. 순간은 무궁한 감옥이다. 그래서 종신형이다.

순간은 역사도 지운다. 육체는 "역사가 새겨지는" 장소다.[9] 특정 기관의 발달과 퇴화, 피부에 새겨진 상흔, 반응하

........................

8   오우진, 『마인드 & 바디밸런스』, 54쪽, 119쪽, 184쪽. 이런 식의 헬스 자기
    계발론은 몸과 세계를 동일시하는 편집증적 자아를 부추긴다. "내가 목적과
    일치하는 날이 올 것이다"(205쪽).

고 움직이는 습관 등을 통해 육체는 그가 살아온 역사와 사회적 맥락을 반영한다. 이런 점에선 몸도 기억하고 반성하는 것이다. 그런데 헬스에서는 반대다. 우린 오직 몸에서 역사를 지우기 위해서만 헬스하며, 바디프로필 과정에서는 왁싱과 태닝, 후보정 뽀샵질까지 더해 잡티·흉터·잔털과 같은 시간흔까지 싹 다 지워버린다. 그로써 어떤 타자와 부대껴본 적도 없고, 배설하거나 생식해본 적도, 아예 시공간을 살아본 적이 없는 **나이도 역사도 없는 인스턴트 육체**를 만든다. 그리고 SNS의 한 순간에 '박제'해버린다.

순간 속에는 꿀벅지와 애플힙의 플렉스flex 외에 어떤 현실의 반영reflex도 없다. 순간 속에는 아예 현실에 "머무를 시간이 없다no time to rest."[10]

헬스가 오프라인에만 있다고 볼 수 없다. 인터넷은 이미 순간화된 몸들의 갤러리이며, 셀카는 이미 바디프로필의 일환이다. 특히 SNS는 인생을 매분 매초 업데이트되는 단

........................

9   Michel Foucault, "Nietzsche, La Généalogie, l'Histoire"(1971), *Dits et Écrits*, Gallimard, 1994, p.143.

10   지그문트 바우만, 『액체근대』, 2장, 126쪽.

편적인 에피소드의 순간들로 잘게 분해해놓고, 그를 타자도 역사도 없이 행복한 셀카로 꾸며놓는다. 뽀샵질을 더한다면 더 행복할 것이다. 셀카는 얼굴로 하는 헬스다. 바디프로필이 인스턴트 육체를 박제한다면, 셀카는 인스턴트 정체성을 박제한다. 셀카중독도 순간중독이다.

오늘날 몸은 나르시시즘의 조형재료로 복무한다. 지난 세기는 철책으로 포위하는 훈육사회였고, 고문과 형벌은 적어도 타자의 인식이었다. 반면 이번 세기는 거울로 포위하는 나르시시즘 사회다. 헬스는 사방을 거울로 둘러쳐놓고 외부 저항감을 덤벨의 무게감으로 면제함으로써, 저항의 근원 대상인 타자의 존재마저 지워버린다. 고로 헬스할수록 나 자신과 몸을 혼동하게 되고, 그만큼 외부 타자를 감지하는 능력을 잃어가며, 끝내 나 **자신과 세계를 혼동**하게 된다. 헬스는 편집증적이다.

이번 세기, 우린 모두 어떻게든 '헬린이'다. 물렁한 육체를 살아내며 제자리, 제 모양, 저 자신에게도 머물지 못하는 순간들의 연쇄를 살아가기 때문이다. 순간은 지난 세기 육체를 설명하던 기존의 술어들로 다 분석되지 않는다. 머무릎rest, 저항resist, 반성reflex 등은 제 모양을 지키는 단단함의 술어 Re-로서, 지난 세기에나 먹히던 전략들이다. 순간 속에서 술어 Re-를 대체하는 것은 특정 모양에 머무름이 없는 술어 Trans-다. 즉 물렁한 육체는 머무르지rest 않는다. 그는 전이한다transit. 그는 멈추지repose 않는다. 바꾼다transpose. 그는 반성하지reflex 않는다. 내비친다transflex. 그는 기억하지 않는다remember. 베낀다transcribe. 그는 억제하지repress 않는다. 전송한다transmit. 그는 무장하지revet 않는다. 갈아입는다transvest. 그는 반발하지react 않는다. 교체한다transact. 그는 거부하지refuse 않는다. 뒤섞는다transfuse. 그는 대표하지represent 않는다. 이식한다transplant. 그는 지시하지refer 않는다. 갈아탄다transfer. 그는 개혁하지reform 않는다. 변형한다transform. 그는 저항하지resist 않는다. 변신한다transist⋯⋯.

바디프로필은 으레 한없이 늘어져 있는 몸을 보여주지만, 실상 물렁한 육체는 그리 한가롭지 않다. 그는 일정 모양에 머무를(Re-) 시간도 없이 이 모양 저 모양 갈아타며 (Trans-) 하나의 완벽한 순간을 증명해내야 한다. 현실을 반성하는reflex 대신 나를 내비치고transflex, 타자를 지시하는refer 대신 나를 갈아타고transfer, 세계를 개혁하는reform 대신 나를 변형하며transform. 순간 속에선 '핏'한 자신을 찬미하고, 시간 속에선 '핏'하지 못한 자신을 경멸하며. 그렇게 영원히 갈아타고 또 갈아타며. 이보다 더한 형벌이 있을까.

BDD(Body Dysmorphic Disorder, 신체이형장애)는 이런 토대에서 창궐한다. '외모강박증'으로도 불리지만 잘못된 번역이다. 강박증은 단단함의 패러다임에 속한다. 그러나 BDD는 강박증세로 시작하긴 해도, 결국엔 자기감각을 스스로 왜곡하는 신체편집증somatoparanoia에 기반한다. 멀쩡한 몸인데도 거울 속엔 뚱뚱하거나 괴물처럼 일그러진 자신이 비치고, 중증의 경우 내장이 썩는다고 환각하기도 한다. 건장한 체격인데도 근육이 왜소하거나 삐뚤어졌다고 느끼는 근육이형증도 BDD의 하위범주다. BDD 환자는 자신의 몸이 "맞지 않는다not right"[11]고 느낀다.

BDD는 헬스의 숨겨진 반쪽이다. BDD 환자에게 몸이 일그러져 느껴지는 것은 그가 이미 얼마든지 변형될 물렁한 육체를 전제하고 있기 때문이며, 그만큼 그의 몸은 끊임없이 모양을 갈아타야 하는 순간 속에 있기 때문이다. 그에겐 잠깐의 머무름조차 장애나 기형으로 인지되며, 그래서 지속하는 모든 형상을 스스로 일그러뜨리는 것이다. 견딜 수 없이 혐오스럽게, 갈아타지 않고는 배기지 못하게. BDD는 순간병이다. BDD는 건강보다는 헬스가, 지속성보다는 순간성이, 단단한 정체성보다는 인스턴트 정체성이 더 찬미되는 시대가 아니라면 결코 대중화되지 않는다. 게다가 이제 **BDD는 전염병이다**. 링크되고 다운로드되고 '좋아요'된다.

순간은 환승감옥이다. 더구나 순환식이다. 내 몸에 '핏'하지 못하다고 믿는 모두가 '순간선 BDD호'에 탑승하고서 이 모양 저 모양 갈아타며 무수한 환승역들을 통과해나가지만, 완벽한 '핏'이라는 종착역은 결코 나오지 않는다. 그러니 더, 더 폭주한다. 더, 더 일그러진다. 환불은 불가하다.

오늘날 BDD는 임상 기준을 충족시켜야 하는 특정 질환

11  APA, 권준수 외 옮김, 『정신질환의 진단 및 통계편람』(제5판), 학지사, 2015, 258쪽. 신체이형장애 부분.

이 아니라, 누구에게나 일어날 수 있는 상태나 현상이 되었다. 헬스 문화뿐만 아니라 잠시라도 머무름을 허용하지 않는 모든 인스턴트 문화(경쟁·능력주의·자기계발·SNS…)는 이미 훌륭한 BDD 인큐베이터로 기능하고 있다. 한 장소, 한 직종, 한 정체성에 머무를 시간도 없이 Before-After의 순간들만을 살아가야 하는 우리 모두가 이미 잠재적인 BDD 환자들이다. 그러나 매순간 변해야 한다는 책무는 그만큼 매순간 자신을 모자란 사람으로 느끼도록 하며, 그만큼 **매순간 현실을 경멸**토록 한다. 가장 근원적인 현실인 나의 육체마저도. 그로써, 헬스사회는 몸이 시공간 속에서 "불완전하게 주어지는 것은 *그가 실재가 되기 위해 치르는 비용*"[12]이라는 원초적인 진리를 은폐한다. 순간순간의 불완전함이 변형의 영원한 채무불이행상태라는 환상을 창조해내며.

푸코는 판옵티콘이 그저 건축 형태가 아니라, 어디든 적용할 수 있는 권력의 형식이라는 점에 주목했다. 그의 통찰

----

**12** Maurice Merleau-Ponty, "Le Primat de la Perception et Ses Conséquences Philosophiques"(1947), *Le Primat de la Perception*, Verdier, 1996, p.48.

은 사실이 되었고, 이제 판옵티콘은 따로 지을 필요조차 없게 되었다. 오늘날 몸이 스스로를 가두는 판옵티콘으로 훌륭히 기능하고 있다. 매순간의 자아들이 그 수감자 역할이고, 결코 도달하지 못할 이상적 자아가 중앙탑의 감시자 역할이다. 그가 정말 탑 속에 있는지 없는지는 알 수 없으나 바로 그 덕분에 이 감옥은 무궁히 돌아간다. 매순간 우리 스스로를 감시하고 처벌하고 혐오하도록.

이번 세기, 우리 모두는 BDD를 살아가는 **모양 없는 육체들**이다. 몸에 어떤 모양이 주어져도 '핏'하지 못하다고 느끼며 이 모양 저 모양 떠도는 내 몸속의 난민들이다. Before-After 그 순간의 쾌감이 이 사실을 가린다.

"립밤이 없는 시절에는 꿀을 발랐다지? 보들보들 매끄럽고, 물기를 머금은 듯 촉촉한 입술. 이런 입술이라면 누구라도 키스하고 싶지 않을까? 입술은 절대 배신하지 않는다."[1]

'꿀'이라는 말이 유행하는 것은 우연이 아니다. 꿀은 물렁함의 상징이며, 그래서 성형사회의 최고 슬로건이 된다. 실제로 꿀은 오늘날 찬미되는 물렁함의 특징들을 모두 가지고 있다. 꿀은 촉촉하고 매끄럽다. 반드르르 퍼지는 표면에는 흠집 하나 없고, 생겨도 곧 메워진다. 무엇보다 꿀은 **순간순간 모양을 바꾼다.** 아무데나 떼고 붙여도 이 모양 저 모

---

1 이혜영, 『이혜영의 뷰티 바이블』, 살림출판사, 2009, 12~13쪽.

양으로 변형되어 이내 하나로 뭉친다. 매끄럽게. '꿀벅지'는 그저 건강하고 예뻐서 주목받는 것이 아니다. 꿀벅지는 이런 작위적인 변형과 이식이 아니면 나올 수 없는 모양과 탄력성이기에 찬미된다.

꿀과 반대되는 건 돌일 것이다. 매끄러운 꿀과 달리, 돌은 울퉁불퉁하다. 숱한 충돌에도 내면만은 굳건히 지키려던 저항의 상흔들이다. 과거 민중가요에서 인간을 돌에 비유했던 이유다. 꿀의 등장은 무저항성이 대중 미학의 핵심가치가 되었음을 뜻한다.

꿀의 또다른 특징은 속까지 훤히 들여다보인다는 것이다. 빛을 겉면에서 반사시키는reflex 단단한 물체와 달리, 꿀은 속내까지 내비친다transflex. 꿀에는 내면이 따로 없다. 내면이 곧 외면이 된다. 꿀의 유행은 이 사회가 외면이 내면을 대신하는 성형사회로 진입했음을 알린다. 꿀벅지뿐만 아니라 꿀피부·꿀복근·꿀팔뚝·애플힙 등 모든 부위가 꿀의 후보가 되면서, 속을 바꿔서 겉을 바꾸는 '이너 뷰티' 상품들이 범람한다. 더마코스메틱 제품은 정맥에 탄력성을 부여하여 페이스셰이핑하고, 인체공학 레깅스는 지방층의

밀도까지 고려하여 바디셰이핑한다. 피부는 "내면의 상태를 표현하는 투명비닐"[2]로 가정되어 먹는 화장품이 인기다. 어떤 경우에서도 육체의 겉면은 어느 항노화 에센스의 광고 그대로, "속부터 우러나는 윤기"로 정의되는 것이다.

식자들은 내면성의 상실을 개탄하지만, 이는 육체부터 이루어진 바다. 내면의 상실은 **겉과 속이 동일한 인간**을 낳는다. 그는 아무데나 떼고 붙여도 그 자신이 되는 밀랍인간이기도 하다. 일반적으로 모든 물렁한 육체는 투명하다. 그에게 내면이 없는 것은 그가 지식과 교양이 부족해서가 아니라, 겉모습이 그의 모든 내면이자 영혼이기 때문이다.

오늘날 점점 극단화되는 노출문화를 공공윤리의 잣대로 진단하기는 어려울 것이다. 우린 속살을 보여주려고 벗는 게 아니다. 반대로 우린 내면이 더이상 남아 있지 않음을, 외면과 내면이 위상동형이 되었음을 증명해 보여주려고 벗는다. 거기엔 공공성과 충돌할 사적인 내밀함이 아예 없다.

..........................

2  박정현, 『박정현의 아름다움을 욕망하라』, 라의눈, 2018, 242쪽. 피부미용 부분.

성형사회란 노출사회다.

몸의 수량화도 심화된다. 수량화는 내면을 외면의 가시성으로 환원하는 대표적인 방법이다. 가령 꿀벅지는 "다리 길이는 상체의 1.4배, 허벅지 둘레는 키의 29.7퍼센트"로 정량화된다. 그러나 몸의 "비밀이 해독되는 순간 몸은 죽은 정보로 바뀌게 된다."[3] 성형사회는 정보사회다.

접촉은 언제나 미지를 전제로 한다. 그런데 몸이 계량화됨에 따라 비밀도 없어지고, 그만큼 접촉의 기회도 적어진다. 오늘날 몸은 만지면 성추행이 되니까 만지지 못하는 게 아니다. 그는 전시되었기에 만지지 않는 것이다. 성형사회는 비접촉 사회다.

꿀의 유행은 촉각에 대한 시각의 승리를 의미한다. 외면을 드러내고 내면은 감추던 지난 세기에 인간은 접촉해봐야 서로를 알았지만, 성형사회에서는 그럴 필요가 없다. 거기선 누구도 외면과 내면이 같으므로 힐긋 보는 것만으로

.........................

**3**  김종갑, 『근대적 몸과 탈근대적 증상』, 나남, 2008, 5장, 141쪽. "아름다운 모델을 모방하는 현대인은 체계가 입력한 코드를 해독하는 디코더에 지나지 않는다."

도 충분하다. 대인관계는 즉각적이고 순간적이 된다. 순간적으로 판단하고, 순간적으로 사랑하고 헤어진다. 인간관계의 피상화는 육체의 물성변환과 떼어놓을 수 없는 것이다. 성형사회는 인스턴트 사회다.

지난 세기, 보이는 게 전부가 아니었다. 단단한 육체는 빛을 반사하므로 겉은 드러내고 속은 감춘다. 반면 이번 세기, **보이는 게 전부다.** 꿀의 매끄러움이 빛마저 매끄럽게 투과시켜 감출 내부를 없앤다.

이 모든 것을 특정 상품 탓으로만 돌릴 수 없다. 그게 아니더라도 내면과 외면을 일치시키는 기술들이 도처에 널렸다. 특히 인터넷은 모든 사적인 내밀함을 파괴한다. 거기선 먹고 자고 노는 것까지 모두 노출의 대상이 된다. 육체에 대해선 더하다. 포토샵과 딥페이크 앱 덕택으로 이제 우리는 육체를 아예 오려서 붙인다cut and paste. 인터넷은 메스 없는 성형외과다. 고통도 없고 골백번 재수술해도 봉합선 하나 남지 않는다. 심지어 공짜다. 그러니, 누구나 꿀피부의 셀럽이 되고 꿀벅지의 슈퍼모델이 된다. 실제로 SNS에는 포토샵과 뷰티 필터로 조작된 딥페이크 셀카와 바디프로필로 가득하며, 심한 경우엔 아예 얼굴과 몸매가 기형적으로 왜곡된 밀랍인형이 사람 행세를 하지만 폭발적인 '좋아요'를 받아낸다. 진짜인지 가짜인지는 중요치 않다. 어차피 누가 와서 만져볼 것도 아니다. 외려 '좋아요'의 경쟁이 일어나며, 앞다투어 꿀피부와 꿀벅지를 조형해내느라 얼굴도 몸매도 다 비슷해진다. 신체 다양성은 멸종된다.

정희진이 옳다. "완벽한 남성과 여성의 몸을 가진 이들은 없다." 그런데 꿀은 다 똑같은 남성성, 다 똑같은 여성성을 빚어내어 차별을 증진한다. 동일성이 차별을 만들지 "차이가 차별을 만드는 것은 아니다."[4] 성형사회는 차별사회다.

성형사회는 동일성의 독재다. 꿀은 엉길수록 똑같아지고 뭉칠수록 비슷해진다. 나만의 꿀이란 없다. 꿀피부는 다 똑같은 꿀피부고, 꿀벅지는 다 똑같은 꿀벅지다. 성형사회에서 꿀이 유행할수록 진행되는 것은 자아의 개성이 아닌 **자**

........................

**4**  정희진, 『다시 페미니즘의 도전』, 교양인, 2023, 3장, 199쪽, 211쪽. "우리는 남성과 여성, 그 사이에 있다. 남성과 여성은 규범이지 실재가 아니다"(200쪽). 정희진은 "정체성의 정치"로 퇴행하려는 페미니즘 경향도 비판한다(89쪽).

아의 획일화다. 다 똑같은 육체, 다 똑같은 얼굴이다.

꿀의 유행에 따른 가장 큰 피해자는 얼굴일 것이다. 레비나스에 따르면, 모든 얼굴은 타자의 얼굴이다. 얼굴은 스스로를 타자로 드러내는 타자성의 요새다. 얼굴은 동일성의 폭력에 "저항한다 s'oppose."[5] 빛에 대해서도 저항적인 얼굴은 동일자의 시선조차 거부하고 되돌려서 자신의 타자성을 선포한다. 그런데 꿀은 정반대다. 성형사회에서 얼굴은 타자성에 저항하기는커녕 타자성을 흡수한다. 이식한다. 오늘날 우리는 얼굴을 아예 옮겨 심는다. 텔레비전이나 패션잡지에서 본 연예인의 것이건, SNS에서 본 인플루언서의 것이건 상관없다. 성형으로 직행하든, 헬스로 우회하든, 뽀샵질로 퉁치든 상관없다. 좋으면 붙이고 싫으면 떼어버린다. 그렇게 자아와 타자가 엉기고 뭉치면서 얼굴은 타자성의 요새가 아닌 **동일성의 전시장**이 되어간다. 그 속내까지 충실히 내비치며, 겉모습이야말로 속에서부터 우러나온 영혼이라고 과시하

5  Emmanuel Levinas, *Liberté et Commandement*, Fata Morgana, 1994, p.44.

며. 하지만 다 똑같은 얼굴, 다 똑같은 영혼이다.

사람들은 성형한 얼굴이 가짜이며 가면일 뿐이라고 자조하지만, 이는 문제를 잘못 짚는 처사다. 카네티는 가면의 위력은 그 견고함에 있다고 말한다. "가면은 단단하다starr." 가면은 "배후의 비밀"을 숨기는 내면을 가진다. 그 속에 "감추어진 것이 무엇인지 모른다는 데 가면의 힘이 존재한다." 관객은 가면에 함부로 다가갈 수도 손댈 수도 없다. "형상의 단단함은 거리의 단단함이 된다." 무엇보다 가면은 이식되지 않는다. 그것은 결코 "몸의 일부가 될 수 없다."[6] 가면은 단단함의 패러다임에 속한다.

꿀의 홍수 속에서 우리가 잃고 있는 것은 역설적으로 가면이다. 얼굴은 이미 훌륭한 가면이다. 얼굴에 의해 육체는 서로에 대해 타자가 된다. 얼굴은 육체에 내면의 구덩이를 판다. 그곳에 타자성을 보증하는 비밀이 간직되고, 서로 간의 거리를 요청하는 역사적 미지가 보전된다.

........................

6  엘리아스 카네티, 강두식·박병덕 옮김, 『군중과 권력』, 바다출판사, 2002,
   497~500쪽. 강조는 인용자.

그런데 성형사회는 그 구덩이를 꿀로 메워버린다. 오늘날 우리는 더이상 타자를 참지 못한다. 탐나는 타자라면 족족 가져다 붙이고, 싫증난 타자는 족족 떼어내 지워버린다. 그런 육체에게는 비밀이 없다. 나만의 타자성이 머무를 내면이 아예 없다. 꿀벅지는 뼛속까지 다 콜라겐인 것처럼 보이고, 꿀복근은 내장까지 다 근육인 것처럼 보인다. 꿀피부는 두뇌까지 섹시해 보인다. 꿀에게는 물렁물렁함 외에 다른 비밀이 없다. 성형사회는 가면 없는 사회다.

성형된 육체가 가짜라는 것은 정확한 문제의식이 아니다. 가짜란 겉과 속을 지닌 단단한 육체에게나 통하던 지난 세기 관념이다. 이번 세기 물렁한 육체에게는 겉과 속이 따로 없어 진짜 가짜도 따로 없다. 조형된 육체는 가짜인 게 문제가 아니라, 그게 그가 가진 진짜의 전부라는 것이 외려 문제다. 타자가 이식된 나는 더이상 벗을 수도 없는 가면처럼, 가짜일 수도 없는 진짜라는 것, 아무리 갈아타봐도 **남들과 똑같은 진짜**라는 것이 외려 문제다.

카네티의 말대로, 비밀의 힘은 "두려움Furcht"에 있다. 관객은 가면 뒤에 감춰진 것을 두려워하지만, 가면을 쓴 자도 가면이 벗겨질까봐 두려워한다. 두려움은 육체들이 거리를 유지하며 서로에 대해서 타자로 머물도록 한다. 이 거리감이야말로 존중감의 근원이다. 두려움은 존중을 만든다. 그러니까, 두려움이란 저항감이다. 그것은 타자와 경계를 그어 내가 나로 **"머무를 수 있는 힘**Kraft zu bleiben**"**[7]에 다름 아니다. 성형사회가 가장 지우고자 하는 바다. 끊임없이 남의 육체, 남의 얼굴로 갈아 태우며, 그로써 타인의 육체뿐만 아니라 나 자신의 육체에 대한 존중감마저 퇴행시키며. 결국 타인의 타자성뿐만 아니라 나 자신의 타자성마저 멸종시키며.

꿀이 배신하지 않는다는 말은 틀렸다. 꿀은 반드시 배신하고 복수한다. 육체의 모든 부위가 이식 가능해진, 적어도 이식된 것처럼 보이는 것이 가능해진 이번 세기, '나'의 소실은 이미 꿀의 복수다.

........................

**7**  같은 책, 497쪽.

1924년 소비에트 영화감독 예이젠슈테인은 영화 〈파업〉
에서 노동자들이 학살되는 장면과 소가 도륙되는 장면을
병치 편집했다. 그것은 쇼크였다. 그의 몽타주 이론에 따르
면, 영화의 샷은 투쟁하는 세포이며, 영화란 샷들의 "충돌"
이다.[1]

지난 세기 스펙터클은 충돌과 충격을 전시했다. 충돌은
단단한 육체의 특권이다. 지난 세기 스펙터클은 단단함의
패러다임에 속한다. 오늘날은 정반대다. 스펙터클은 대형극

---

[1]  Sergei Eisenstein, "A Dialectic Approach to Film Form"(1929), *Film Form*, trans. and ed. Jay Leyda, Harcourt, 1977, p.53.

장을 빠져나와 인터넷·유튜브·SNS·개인방송을 통해 퍼져나가며, 충돌은 더이상 흥행요인이 되지 못한다. 반대로 얼마나 육체가 충돌 없이, 즉 **저항 없이 변형**될 수 있는가가 흥행의 지표가 되며, 그에 따라 '누구나 쉽게 따라할 수 있다'가 인터넷 콘텐츠의 기본 모토가 된다. 대표적인 것이 SNS 챌린지다. 2025년 얼굴을 작게 만드는 '턱뼈 부수기' 챌린지가 유행했다. 2021년에는 '제로투댄스' 챌린지가 대유행했는데, 그 내용이란 골반을 흔들며 몸의 말랑말랑한 점탄성을 과시하는 것이 전부였다. 이번 세기 스펙터클은 물렁함의 패러다임에 속한다. 육체의 불변하는 단단함을 전시하던 지난 세기 스펙터클과 달리, 현대 스펙터클은 육체의 가변성과 그 물렁물렁함을 전시하는 신체변형 스펙터클이다.

오늘날 스펙터클은 점점 더 사적이 되고 내밀해지는 경향이 있다. 전문 BJ뿐만 아니라 '좋아요'를 받아내려는 누구라도 사생활을 노출하여 이목을 끌며, 가장 사적인 대상인 육체가 노출의 중심이 된다. 다이어트 유튜버들은 위장 크기를 줄이는 식단을 공개하고, 뷰티 BJ들은 성형수술 과정을 공개하며 거부반응 줄이는 팁을 알려준다. 어떤 경우에도 스펙터클은 공공의 완제품으로 공급되지 않는다. 반대로 육체의 비밀을 공유하며 "몸 변형의 가능성은 어디까지 확장될 수 있는지를 학습"[2]하는 과정 자체가 스펙터클이 된다. "위는 가장 신축성 있는 기관이기 때문에 얼마든지 줄였다 늘였다 할 수 있습니다."

오늘날 스펙터클이 점점 내밀해지려는 것은 육체로부터 내밀함을 제거하여 그 속내까지 변형가능한 것으로 전시하기 위해서다. 인터넷 방송 특유의 '대행' 혹은 '대리'라는 원격행동teleaction방식은 이로부터 나온다. 먹방·겜방·뷰방·운동방·춤방·술방·ASMR방 같은 콘텐츠에서 BJ는 먹고 놀고 예뻐지고 취하고 심지어 잠도 자주며, 시청자들의 삶을 대신 살아준다. 장난감을 대신 가지고 놀아주는 것만으로도 팔로워가 400만 명인 BJ도 있고, 명품 가방과 화장품을 대신 써주는 것만으로도 팔로워가 200만 명인 BJ도

........................

2 　태희원, 『성형』, 이후, 2015, 6장, 156쪽. 성형 패러다임의 변천에 대해서는 5장.

있다. 하지만 이는 그저 몸의 외면적 변화를 대행하는 게 아니다. 반대로 어떤 BJ도 신경계 흥분과 호르몬 변화 같은 지극히 내밀한 내수용감각interoception의 변화까지 대행해야 흥행한다. 아니면 쪽박이다. 2020년 60만 팔로워를 거느린 뷰티 인플루언서가 다이어트 식품을 먹고 내장지방까지 싹 빠졌다고 홍보하다가 사진이 조작되었음이 들통나서 쪽박을 찼다. 한 악플이 비아냥댄다. "하다하다 내장까지 뽀샵질하네." 그녀가 속인 것은 다이어트 식품의 효능이 아니라, 그걸 먹고 변했어야 할 그녀의 내장이었음을 저 악플은 정확히 지적하고 있다. 모든 인터넷 '주작' 논란은 체내 변화를 직무유기했을 때 일어난다. 모든 신체변형 스펙터클은 그 속내까지 전시하려는 체내변형 스펙터클이다.

그래서 '먹방'은 이 시대 최고의 스펙터클이 된다. 이 역시 지난 세기엔 출현할 수 없었던 스펙터클 형태다. 먹방의 희열은 그저 맛있게 먹는 것을 지켜보는 데 있지 않다. 만약 그랬다면 적당히 먹는 것만으로도 흥행했어야 한다. 하지만 먹방은 10인분, 20인분… 양을 늘려갈수록 대박이 난다. '먹뱉'하다 들키면 쪽박이다. 삼겹살 30인분을 먹는 먹방러도 있고, 초밥 100그릇을 먹는 먹방러도 있다. 속도전으로 번져 '짜파게티 2봉지 3초 컷'을 경쟁하기도 한다. 먹방은 그저 대리만족이 아니다. 먹방의 흥행요인은 만족감을 대리하는 것이 아니라, 결코 만족됨이 없는 육체의 내적 변형과 그 **내장감각**organ sensation**을 대리**하는 데 있다. 먹방러가 진정으로 노출하고 전시하는 것은 먹는 겉모습이 아니라, 아무리 먹어도 무한히 늘어나는 자신의 위장 자체다. 먹방은 본질적으로 내장변형 방송이다. 이번 세기, 내장변형만이 흥행한다.

대행은 공감이 아니다. 권김현영은 공감과 전이를 구분한다. 공감은 "타인의 타자성"을 전제하지만, 전이는 거꾸로 타자성의 소거를 전제한다.[3] 대행은 공감 없는 전이다. 남의 내장마저 내 것으로 감각된다. BJ는 장기 대부업이다.

매클루언에 따르면, 모든 매체는 "육체의 확장"이다. 옷

....................

**3**　권김현영, 『다시는 그전으로 돌아가지 않을 것이다』, 휴머니스트, 2019, 5장, 219쪽. 권김현영은 공감과 전이가 시간적 형식에서도 다르다고 지적한다. "전이상태는 아주 잠깐 나타났다 곧 잊힌다. [반면] 공감이란 감정은 지속"한다.

은 피부의 확장, 무기와 자동차는 팔다리의 확장일 수 있는 것이다. 그중 인터넷은 특출난 매체다. 팔다리나 확장하던 기존 매체와 달리, 인터넷은 아예 "중추신경계의 확장"이며 "두개골 밖으로 나온 두뇌"끼리의 직접 소통이다.[4] 그렇다면 이 시대의 BJ들이야말로 몸밖으로 두뇌를, 배 밖으로 내장을 확장한 자들이다. 겉으로만 시늉하는 BJ는 흥행할 수 없다. 그 속내까지, 신경계와 내장까지 진심을 다해 변형하고 그 내부감각까지 속속들이 전달하는 BJ만이 흥행한다.

인터넷에서 진정 대행되는 것은 두뇌다. 사실상 두뇌는 가장 내밀한 신체기관이다. 생각과 의지를 숨기기 때문이다. 이른바 '리모컨 방송'은 두뇌를 캐스팅하는 방송 형태다. 여기서 BJ는 시청자들이 시키는 그대로 행동하고 감각하며 욕망하고 그들의 생각과 의지까지 대행하게 된다. 2016년 시키는 대로 사타구니에 불도 지르고 표백제도 마시는 '대신맨'이라는 BJ가 인기였다. 2018년 자위까지 대신

4    마셜 매클루언, 박정규 옮김, 『미디어의 이해』, 커뮤니케이션북스, 2001, 6장, 67쪽.

해주는 '대딸맨'도 나왔다. 이후에도 열풍은 식지 않아 별풍선을 쏘는 족족 시키는 대로 소시지 100개를 먹기도 하고, 와사비를 온몸에 뒤집어쓰기도 한다. 리모컨 BJ는 시청자의 팔다리를 대행함으로써 그들의 **두뇌까지 대행**해주는 것이며, 시청자는 "중추신경이 확장되고 노출되어"[5] 자신의 두뇌가 BJ의 두뇌에 이식되고 융합되는 과정 자체를 스펙터클로 즐기고 있는 셈이다. BJ가 정말 자위를 했느냐, 소시지 100개를 다 먹었느냐 같은 진위 논쟁이 이에 대해 바꿀 건 아무것도 없다. 오히려 두뇌의 이식이 충돌 없이 이루어져야 하므로 저런 논쟁이 일어난다.

매체 이론은 간과하곤 하지만, 지난 세기 미디어도 두뇌에 작용했다. 예이젠슈테인은 이를 잘 알고 있었고, 충돌 몽타주에서 뇌과학적 교육효과마저 기대했다. 그에 따르면, 충돌은 관성에 찌들어 있던 두뇌를 때려서 일깨운다. "영화는 두개골을 쪼갠다."[6] 그로부터 "새로운 사회적 반사reflex가 제련되어 나온다."[7] 그러나 예이젠슈테인은 두뇌를 때릴

5 　같은 책, 5장, 55쪽.

생각만 했지, 그걸 떼어다가 다른 몸통에 심을 생각까지는
하지 못했다. 리모컨 방송이 그걸 해낸다. 인터넷은 두뇌 대
부업이다.

　대행의 형식은 **가상육체**를 만들어낸다. 가령 다수의 시
청자들에 동시접속하고 있는 BJ의 육체는 더이상 그의 것
만이 아니다. 내장부터 두뇌까지 속속들이 대행해주는 그
의 육체는 남의 근육, 남의 팔다리, 남의 내장, 남의 신경계
로 짜깁기된 콜라주 이미지처럼 존재한다. 그래서 가상이
다. 그렇다고 허구인 건 아니다. 가상육체는 실제로 근육을
움직이고 신경계를 흥분시킨다. 일반적으로 모든 인터넷
콘텐츠는 가상육체에 근거한다. 먹방러도 가상육체를 가진
다. 그는 시청자들을 대신해서 무한정 늘어나는 가상의 위

.......................

**6**　Sergei Eisenstein, "The Problem of a Materialist Approach to
　　Form", *Kino-zhurnal ARK*, nos. 4~5, 1925. 다음에서 재인용 : *Lines of
　　Resistance*, ed. Yuri Tsivian, Le Giornate del Cinema Muto, 2004,
　　p.128.

**7**　Sergei Eisenstein, "Perspective"(1929), *Film Essays and a Lecture
　　by Sergei Eisenstein*, trans. and ed. Jay Leyda, Praeger Publishers,
　　1970, p.44.

장을 연기하며 그 복통을 장악해야 한다. 아니면 먹뱉이고 쪽박이다. 2020년 한 유튜버가 투렛증후군 환자 시늉으로 '좋아요'를 벌다가 들통나서 쪽박을 찼다. 그전까지 그는 불수의적 경련발작을 하고, 떨리는 젓가락으로 콩알을 집어내는 등 온 힘줄과 신경을 동원해 틱장애를 연기했다. 가상의 두뇌를 셀프 이식하면서 그 신경학적 결함까지 이식한 것이다.

가상육체는 디지털 시대의 신체망상분열증somatopara-phrenia이다. 가상육체는 네트워크의 구성원일 뿐만 아니라 그의 신체 부분들도 자유자재로 떼고 붙도록 네트워킹되어 있으며, 그로써 **부위별로 대체되고 대행된다.** 우리는 가상육체를 '남의 기관으로 짜깁기되며 저항 없이 변형되는 육체'로 정의할 수 있을 것이다.

가상육체의 진화론적 특징은 고통에 점점 둔감해진다는 것이다. 가상육체는 모든 감각을 전이해도 **고통만은 차단한다.** 의료인류학자 김관욱은 고통으로 등급화되는 몸의 유형을 분류했다(아파야 하는 몸Should, 아플 수 있는 몸Could, 아프면 안 되는 몸Should Not…).[8] 그렇다면, 인터넷 스펙터클에 최

적화된 가상육체란 '아파야 하는 데도 아프면 안 되는 몸'이
다. 장애마저 구경거리가 되는 여기선 아무리 먹어도 복통
을 모르고, 아무리 변형되어도 고통을 모르는 몸만이 '좋아
요'된다.

가상육체는 전문 BJ나 유튜버의 전유물이 아니다. SNS에
전시되는 모든 육체는 이미 가상육체이며, 그런 점에서 우
리 모두가 가상육체 하나씩은 지고 살아간다. BJ처럼 팔로
워들을 대행해주진 않아도 내가 팔로우하는 연예인이나 슈
퍼모델을 셀프 대행하며. 성형의 고통마저 뽀샵질로 퉁쳐
버리며.

뉴미디어 이론은 바로 이 점을 경시한다. 뉴미디어 이론은
전통 몽타주와 달리 "충돌 없이" "매끄럽게" 짜깁기하는 디지
털 미학을 예찬하며 "미디어의 대상은 물렁해졌다soft"[9]고



8   김관욱, 『몸,—살아내고 말하고 저항하는 몸들의 인류학』, 현암사, 2024,
4부, 210쪽.

9   레프 마노비치, 서정신 옮김, 『뉴미디어의 언어』, 커뮤니케이션북스, 2014,
3장, 191쪽, 178쪽. 대표적인 뉴미디어 예찬론서다. "뉴미디어의 도래로 물
렁함(malleability)은 가변성이 된다"(179쪽).

옳게 진단하면서도, 정작 가상육체는 모니터 속에만 존재하는 것이라고 전제한다. 하지만 가상육체가 모니터가 켜져야만 나타나는 것이고, 그 사용자(원격행위자teleactor)는 원할 때면 언제든지 현실로 빠져나올 수 있는 것이라면, 우리는 왜 셀카와 유튜브에 중독되는가? 왜 남의 인생과 감각까지 베끼려 하며 두뇌마저 신상품을 원하는가? 모니터를 꺼도 가상육체는 꺼지지 않는다. 뉴미디어 이론은 삶이 충돌 없이 대행되기 위해선, 모니터 밖의 육체부터 충돌 없이 짜깁기되고 가상화되어야 한다는 사실을 잊고 있다.

가상육체는 공짜가 아니다. 우리는 슈퍼마켓 진열장에서 상품을 고르듯, 인터넷에서 아무 육체, 아무 정체성이나 골라 짜깁기하고 갈아타지만, 그에 따라 남의 감각, 남의 생각, 남의 욕망도 함께 이식되며 결국 우리네 육체는 오직 남을 대행하는 **대행육체**가 되어간다. 그것은 아무 두뇌나 심을 수 있는 **두뇌 없는 육체**이기도 하다. 하지만 이 가능성이 곧 스펙터클의 원천이 되며, 이 질주는 먹뱉과 뽀샵질이 들통나기 전까지 멈추지 않는다. '좋아요'가 이미 가상육체의 도파민이다.

신체변형 스펙터클의 폭력성은 여기에 있다. 그것은 몸의 아무데나 떼서 아무한테나 옮겨 붙이며, 두뇌마저 아무한테나 떼서 아무한테나 옮겨 심으며, 결국 몸으로부터 **타자성이 박탈**되는 과정 자체를 구경거리로 만든다. 나 자신에 대해 그러하듯 타인에 대해서도. 2015년 열두 살 여아가 시청자들의 별풍선 세례에 리모컨되어 스트립댄스를 췄다. 2021년 한 BJ가 지적장애 여성에게 리모콘 '벗방'을 시키다가 체포되었다. 2024년 지인의 얼굴을 합성한 딥페이크 포르노를 돌려보는 '지인능욕방'이 무더기로 적발되었다. 사용자는 22만 명에 육박했고 피해자 중 30퍼센트는 미성년자였다. 현재까지도 SNS엔 지인 합성 계정이 호황이다. 원하는 인물의 사진만 넘겨주면 매끄럽게 이어붙여준다. 일반적으로 모든 인터넷 성범죄는 **욕망의 강제 대행**이다. 그것은 어떤 육체도 멋대로 조작가능한 가상육체가 될 수 있음을 스펙터클로 소비하는 행위다.

극단의 경우, 타자성의 박탈은 타자성의 살해와 구분되지 않는다. 2024년 한 유튜버가 자신의 낙태 과정을 포스팅했다. 초음파 검사를 하고 수술실에 누워 마취제가 투약되는 과정까지 고스란히 담긴 브이로그였다. 쏟아지는 댓글 속에 명을 달리한 태아는 36주차였다. 이 유튜버에게 태아는 타자가 아니었다. 반대로 태아를 멋대로 떼고 붙일 수 있는 가상육체의 일부로 감각하므로 수술 과정은 스펙터클이 될 수 있었다. 그녀는 낙태를 한 게 아니다. 그녀는 자궁을 성형했다. 내장지방 제거하듯이 태아를 다이어트했다. 실제로 사건 이후 그녀는 먹방 채널을 새로 개설했다. "수술 후 처음 식사. 너무 배고파서 순삭."

신체변형 스펙터클이 가지고 있는 대중심리적 효과는 '마취'다. 분명 타자와 부대끼며 살아간다는 것은 고통스러운 일이다. 때로는 내가 다치고 때로는 상대가 다친다. 그러나 고통이 회피되어야 할 것만은 아니다. 니체에 따르면, 고통은 적어도 타자를, 세계를 직시하도록 해준다. 고통은 "원인을 묻는다." 그래서 "행동을 유발한다." 인간의 사회적 행동이란 "극복된 저항을 전제하고 있는 것이다."[10] 그런데 오

....................

10  프리드리히 니체, 권영숙 옮김, 『즐거운 지식』, 청하, 1987, 1부 13절 ; 강수남 옮김, 『권력에의 의지』, 청하, 1988, 3권 2장, 702절.

늘날의 스펙터클은 타인의 육체를 아무데나 떼서 아무데나 붙이는 쾌감으로 **타자와 부딪히는 고통**을 대체해버린다. 그만큼 개인도 육체 본연의 고통뿐만 아니라 타인의 고통에도 점점 둔감해지며, 결국 고통의 사회적 원인과 대면하려는 의지마저 잃어간다.

최악의 경우, 사회적 재난마저 스펙터클의 소재로 전락한다. 국가라는 가장 큰 BJ가 나타나 고통까지 대행해주기 때문이다. 2022년 159명의 생명이 이태원 한복판에서 스러졌다. 타인의 체중에, 자신의 갈비뼈에 눌려서 압사된 이 처참한 비극에 정부는 구조 실패의 원인과 책임을 묻는 대신 현장 및 희생자 사진을 공개하지 말라는 보도지침을 내렸다. 대통령은 영정 없는 분향소에 스펙터클하게 헌화한다. 영부인은 유가족을 찾아가 더 스펙터클하게 눈물을 흘린다. 정말 슬퍼서 그런 것이 아니다. 그들은 대중의 눈물샘과 외분비계까지 잽싸게 대행하여, 고통을 공감하기도 전에 대중의 두뇌에 무통증을 역전이한 것이다. 스스로 리모컨 BJ가 되어 전 국민을 팔로워로 만든 셈이다. 어떤 충돌도 없이, 매끄럽게. 육체대행을 스펙터클로 즐기는 사회는 분

**노와 애도까지** 대행해주는 마취사회다. 거기선 반드시 유튜브 BJ가 리더가 된다.

예이젠슈테인은 영화도 하나의 단단한 육체이며, 고로 혁명의 무기라고 생각했다. 충돌에는 고통이 따르겠으나, 그것은 단지 물리적 감각이 아니라 삶의 태도이자 행동의 계기다. 예이젠슈테인이 충돌 몽타주로 일으키려던 '사회적 반사'란 그저 관념이 아니다. 그는 충격이 일으킨 두뇌의 반사reflex는 고통의 공감을 통해 반드시 육체들의 반발react로 이어지며, 이 두 Re-는 본질적으로 구분되지 않는다고 믿었다. "갈등이 없는 곳에는 예술이 존재하지 않는다."[11] 그러나 오늘날의 스펙터클은 아무런 반발도 이끌어내지 않는다. 거기선 고통을 모르는 신체변형만이 혁명적인 것이다. 욕망까지 이식한다면 더 혁명적일 것이다. 먹방과 리모컨 방송의 유행은 오늘날 심화되고 있는 정치적 행동의 소실과도 결코 무관하지 않다.

......................

11  Sergei Eisenstein, "Perspective", *Film Essays and a Lecture by Sergei Eisenstein*, p.42.

뉴미디어 이론이 아무리 포장해봤자, 원격행동tele-action은 반행동anti-action일 뿐이다. 행동할 팔다리도, 역겨워할 내장도, 통감할 두뇌도 모두 대행시켜버리는 반죽인간의 클릭질일 뿐이다. 모든 행동act은 반발react이다. 변형은 행동이 아니다. 어떤 Trans-도 행동이 아니다. 행동은 Re-다. 단단함의 패러다임에 속한다.

# 5

포르노는 이 시대 가장 강력한 스펙터클이다. 사랑마저 신체변형으로 삼기 때문이다. 물론 포르노가 '저항'으로 포장되던 때도 있었을 것이다. 금기에 항거하는 척, 적당히 내숭떨다가 못 이기는 척 드러누우며(70년대 성인영화·도색잡지·에로물…). 그러나 그건 엄격한 의미의 포르노가 아니다. 섹스를 보여줄 뿐, 섹스로 육체의 물성까지 바꾸진 않기 때문이다.

진정한 포르노는 패러다임의 전환과 함께 육체의 저항성을 일소하면서 발흥한다. 육체는 순간적으로 결합되거나(순간합체물), 공공장소에서도 결합된다(야외노출물). 저항의 자발적 포기만이 전시되며(BDSM·네토라레), 작은 자극만으로도 영혼은 가출한다(아헤가오). 육체의 변형능력은 더더욱 증폭되어 육체는 불어나기도 하고(난교물) 뿜어내기도 한다(스캇물·분출물). 포르노의 진짜 주인공은 에로물에서 체면치레로 저항하던 '부인'과 '숙녀'가 아니라—포르노 사이트의 상투적 문구 그대로—'저항 없이irresistible' '질척이는sloppy' '살덩이들chunks'인 것이다.

포르노의 육체는 분명 물렁물렁하지만 그보다 적나라하다. 사르트르는 물렁함의 충동적 성질로 "끈적끈적한 것visqueux"을 말한다. 끈적끈적한 것은 질척질척하게 "들러붙는다." 여기 떼서 저기 붙여도 찰떡이고 여기 뚫고 저기 심어도 꿀떡이다. 그러나 어김없이 한데 뭉쳐 한덩어리가 된다. "끈적끈적한 것의 존재는 말랑말랑한 점착성"이고, "하나의 연속성"을 향한 "점착에 의한 변형"이다.[1]

포르노의 주인공은 **끈적끈적한 육체**다. 그는 물렁한 육체의 극단화된 형태이자, 더 충동적인 형태다. 끈적끈적함으

----

1 장폴 사르트르, 손우성 옮김, 『존재와 무Ⅱ』, 삼성출판사, 1977, 4부 2장 3절, 450쪽, 451쪽. 끈적끈적한 것의 분석은 즉자대자의 충동적 측면을 해명하기 위함이다. "끈적끈적한 것은 즉자의 복수다."

로의 물성변환은 해부학적 관점마저 바꿔놓는다. 성감대를 한정하던 고전 에로물과 달리, 포르노에선 육체의 모든 부위가 성감대로 변형되며, 섹스는 아무데나 뚫리고 아무데나 붙을 수 있는 육체를 창출하는 행위가 된다. 끈적끈적한 육체는 성감대를 '발명한다.' 가슴과 얼굴이 구멍이 되고(파이즈리·이루마티오), 발이나 겨드랑이도 구멍이 된다(풋잡). 난교의 형태도 복잡해진다. 일대일 대형을 그럭저럭 유지하던 고전물과 달리, 현대 포르노에서 그런 고정된 형태란 없다. 다중관통multi-penetration이 보편화되면서 배우들은 이제 여러 육체와 동시에 접촉할 줄 알아야 하며, 너무 뒤엉켜 여의치 않을 땐 다른 이의 발이라도 핥아야 한다. 모든 접촉 부위가 곧 성감대가 된다.

아무리 가혹한 BDSM도 몸의 경직성을 추구한다고 볼 수 없다. 지배자 역할도 남성으로 고정되지 않는다. BDSM은 팔다리 같은 저항기관을 속박해 몸 전체를 하나의 매끄러운 점탄성체로 변형시키려는 시도다. 라텍스의 탄력과 광택이 그 미끌미끌함을 강화한다.

끈적끈적한 육체는 해부학적 경계를 철폐한다. 몸에 원

초적으로 주어진 저항장벽이기 때문이다. 항문섹스는 그 대표적 장르다. 그것은 항문을 구멍으로 변형한다. 남녀노소 따로 없이. 스캇물scat은 같은 것을 똥을 매개로 한다. 먹고 토하고 되먹으며 항문은 입이 되고 입은 항문이 된다. 사용되는 배설물이 특수 제작된 초콜릿 무스라는 사실이 스캇물의 본질에 대해 바꿀 건 아무것도 없다. 중요한 것은 똥으로 대동단결하여 한덩어리로 뭉친다는 희열이니까.

식자들은 항문성애가 똥과 남근을 동일시하는 페티시즘[2]이라고 쉽게 말하지만, 이는 포르노는 보지 않고 책만 봐서 하는 소리다. 현대 항문섹스에는 다중관통뿐만 아니라 육체의 점탄성 및 점액성을 과시하려는 피스팅fisting·스터핑stuffing·스쿼팅squirting이 동반되며, 직장을 몸밖으로 탈장시키는 등 항문의 해부학적 경계가 철폐되었음을 증명하려는 행위가 동반된다. 물신화되는 것은 똥이 아니라, 더 많은 육체와 연결되어 한덩어리로 불어나려는 항문의 확장가능

---

2    지크문트 프로이트, 김정일 옮김, 「항문성애의 예로 본 본능의 변형」(1917), 『성욕에 관한 세 편의 에세이』, 열린책들, 2003, 280쪽.

성, 그 끈적끈적한 변형가능성 자체다. 그런 점에서 똥의 미학은 필히 젠더의 구별을 초월한 "내장적 우주관內臟的-"으로 확장되어야 한다는 아키타 마사미의 견해는 옳다.[3]

사르트르는 정신분석을 마뜩잖아했다. 너무 남근 타령만 하며 오이디푸스 단계에 안주하다가, 정작 육체의 근원적 충동은 놓치고 있다는 것이다. 사르트르에 따르면, 구멍을 채운다는 것은 단지 남근의 침입이 아니다. 남근도 끈적끈적한 육체의 일부로서 녹아져야 한다. "어린아이가 손가락을 빠는 것은 손가락을 녹이기 위해서며, 손가락을 자신의 입 구멍을 막아주는 **끈적끈적한 반죽으로 변형**시키기 위해서다."[4] 정확히 이것이 포르노가 하려는 바다. 포르노가 그토록 다양한 지배관계를 개발하고, 그토록 많은 체위와 장르를 개발하는 것은 육체의 어떤 돌출부도 자지로, 어떤 함

........................

**3** 秋田昌美, 「糞便黄金論」, 『アナル・バロック』, 青弓社, 1997, 16쪽. 항문성애의 미학을 역사적으로 개괄하는 아키타 마사미(Merzbow)의 저술이다. "항문은 남녀의 구별을 초월한 공통된 체감이므로 경시되어온 경향이 있다"(124쪽).

**4** 장폴 사르트르, 『존재와 무II』, 4부 2장 3절, 455쪽. 강조는 인용자. "구멍은 육체로 메워져야 할 하나의 무(無)로 나타난다."

몰부도 보지로 변형하기 위함이지, 결코 남녀의 성차를 구별하기 위함이 아니다. 오히려 포르노는 어떤 구별도 해체하는 충동 속에서 아무데나 뚫리고 아무데나 들러붙는 **하나의 연속적인 덩어리**를 창출하기 위해서만 난잡해진다. 포르노는 남근의 단단함으로 존재를 차별화하던 오이디푸스 단계보다 더 원초적인, 모든 것이 무차별화되어 한덩어리로 엉기고 뭉치는 유아기적 나르시시즘을 겨냥하는 것이다. 그 끈적임 안에 남녀노소란 따로 없다.

포르노는 몸을 탈성애화desexualize한다. 성sex은 단단함의 속성이다. 성은 이질성을 만든다. 반면 끈적끈적한 육체는 등질화한다. 자지도 보지도 모두 녹여서 한덩어리로 뭉친다. 포르노는 점착충동이다.

페미니즘은 이를 오해한다. 특히 강경파는 으레 무기에 비유하며 남근이 단단하다고 전제한다. 그러나 포르노에서 남근은 점액성을 증폭하려는 용도로만 동원되며, 간단한 도구로 대체되어 여성에게 옮겨 심을 수도 있다. 포르노가 여성 내면의 비밀을 고백해줄 거란 진보 페미니즘의 희망도 헛되다. 강경파가 남성 신체가 단단하다고 전제했다면, 진보파는 이번엔 여성 신체가 단단하다고 전제한다. 그래서 급기야 마조히즘이 여성 신체의 자기계발이라는 황당한 결론에 이르지만, 정작 BDSM이 맹목적 복종을 통해 계발하려는 것은 합의적 이성이기 전에 육체의 끈적이는 물성이라는 사실은 간과한다.[5] 포르노에서는 그 어떤 것도 단단하지 않다. 포르노는 물렁함의 패러다임에, 그것도 더 진화한 끈적임의 패러다임에 속한다. 단단함의 패러다임에 남는 한, 페미니즘의 포르노 비판은 언제나 실패한다.

아울러 포르노를 노출수단으로 간주하는 매체사회학도 반드시 실패한다. 포르노는 더이상 노출을 경쟁하지 않는다. 점성과 연결을 경쟁할 뿐. 포르노의 현대성을 정의하는 것은 겉면의 노출expose이 아니라 내면의 확장expanse이다. 항문 밖으로 탈장한 내장은 겉면이 아니다. 확장되려 뒤집어진 내면일 뿐.

체외사정이 점령 욕구의 상징이라는 인류학적 해석도 이

........................

5   가령 Linda Williams, *Hard Core*, University of California Press, 1989, chap.2, pp.48~53 ; 에바 일루즈, 김희상 옮김, 『사랑은 왜 불안한가』, 돌베개, 2014, 4장, 100~102쪽.

젠 구닥다리다. 체외사정은 여전히 강력한 의례 절차지만, 점점 스노볼링snowballing·붓카케bukkake·곳쿤gokkun 등의 형태로 확장되고 있으며 그 역할도 남녀로 고정되지 않는다. 정액·타액·분비물·젤 등 뭐가 됐든 상관없다. 일반적으로 현대 포르노에서 모든 점액질의 분비와 공유는 육체들이 서로의 점액성을 인증하고, 서로 잘 점착되었는지 공증하는 의례다. 잘 점령되었는지가 아니라. 그건 짓누르는 돌이 아니라, 들러붙는 **꿀의 상징**인 것이다.[6]

백날 도덕적으로 비난해봤자 포르노는 남녀평등에 관심이 없다. 살의 평등에만 관심이 있을 뿐. 포르노는 육체를 변형하는 쾌락이지 육체를 지배하는 쾌락이 아니다. 포르노는 육체를 발명하는 쾌락이지 육체를 발견하는 쾌락이 아니다. 포르노는 욕망을 개조하는 쾌락이지 욕망을 실현

.........................

6　Isabel Tang, *Pornography: The Secret History of Civilization*, Channel 4 Books, 1999, chap.6, p.154. 애나벨 청의 퍼포먼스 〈세계 최고의 갱뱅〉에 관한 부분. "거기엔 동성애적인 측면이 있다. 여배우보다 줄을 선 수백 명의 남자들이 더 잘 보이며, 그것은 마치 꿀단지에 벌떼가 모여든 것처럼 보인다."

하는 쾌락이 아니다. 포르노는 분명 육체를 증명하지만, 이는 육체의 점탄성 변형을 통해서다.

포르노는 단지 무질서의 전시가 아니다. 포르노는 몸 안팎의 경계들까지 철폐하려는 냉엄한 과학이자 혹독한 실험이고, 자연이 부여한 장소topos를 재개발하려는 위상학적topological 쾌락이다. 포르노는 모든 성기중심주의적 해석을 비웃는다. 항문섹스의 희열은 항문과 질구가 지리적으로 달라도 위상학적으로 동일해질 수 있다는 가능성에 있지, 결코 남근이 똥이라는 환상에 있지 않다. 스캇물의 희열은 입과 항문이 해부학적으로 달라도 점액질에 의해 위상동형homeomorphic이 될 수 있다는 가능성에 있지, 결코 똥도 맛있다는 환상에 있지 않다.

단단한 육체가 지리학적이라면, 끈적끈적한 육체는 위상학적이다. 단단한 육체에는 가까운 것과 먼 것, 안과 밖의 구분이 있다. 그래서 타자도 내면도 있는 것이다. 이런 점에서 고전 에로물은 여전히 단단한 육체들을 캐스팅하고 있었다고 할 수 있다. 육체(특히 여성)는 타자의 진입을 거부하는 경계들(도덕·제도·금기…)로 무장했고, 바로 그 저항을 극복하는 데 고전 에로물이 홍보해대던 '위반의 에로티시즘'이 있다.

그러나 끈적끈적한 육체에겐 그런 경계도, 내면도, 지리적 구분도 없다. 그에겐 아예 안팎이 없다. 남녀노소 할 것 없이 건드리는 대로 뿜어대고, 뚫리는 대로 뒤집어지며, 붙이는 대로 들러붙는 그에겐 어디로든 통한다는 "연결성 connectedness" 외에 다른 욕망이 없다. 그래서 충동이다. 포르노는 끊임없이 연결하려고 한다. 어떤 육체도 경계 없이 "전체로서 하나로 이어져 있는 상태"에 이르고, 그 모든 부분이 잠재적 위상동형이 되어 "금방 만든 떡처럼 자유자재로 늘이거나 오므리게 할 수 있는"[7] 끈적끈적한 상태에 도달할 수도 있음을 증명하기 위해서. 점착충동은 연결충동이다.

포르노는 본질적으로 탈성애적이다. 육체들이 위상동형이기 때문이다. 그래서 본질적으로 무성애적이다. 그 기관들이

---

[7] 김용운·김용국, 『토폴로지 입문』, 우성문화사, 1988, 1장, 107쪽, 106쪽 ; 0장, 36쪽. "마음대로 늘이거나 줄일 수 있는 이상적인 재료로 되어 있는 도형을 변형 혹은 절단한다는 수술을 거쳐, 다른 도형과 겹치게 할 수 있을 때, 두 도형은 위상동형이라 한다."

위상동형이기 때문이다. 포르노는 **등질성에 대한 사랑**이다.

　구멍은 여전히 핵심적인 기관이지만, 위상이 완전히 달라졌다. 고전 에로물에서처럼 구멍은 더이상 비밀스런 내면으로 진입하는 입구가 아니다. 그것은 안팎의 위상이 구분되어 노출 경쟁이나 해대던 지난 세기의 도색잡지나 에로물 이야기다. 오늘날 포르노에서 구멍은 매끄럽게 이어져 있어 한곳으로 들어가면 다른 곳으로도 나올 수 있고, 이를 통해 육체들이 자유로이 연결되는 '환승 플랫폼'처럼 기능한다. 오늘날 포르노산업이 그토록 많은 구멍과 페니스를 무차별적으로 동원하고, 성감대뿐만 아니라 도구와 장비까지 개발하며, 또 자본이 허락한다면 비전문 민간인들까지 동원하여 대규모 난교와 갱뱅을 기획하는 이유도 여기에 있다. 포르노는 그저 몸매 좋고 정력 좋은 육체를 이상화하려는 게 아니다. 외려 포르노가 꿈꾸는 이상적 육체는 **아무 젠더도, 아무 경계도, 아무 얼굴도 없는 육체**다. 수천 수만 개의 구멍이 하나의 환승통로로 연결되어 안도 밖도 없을 때까지 트인 육체, 그야말로 충분히 관통되어 첫번째 입부터 마지막 항문까지 뻥 뚫린 하나의 거대한 반죽 구멍이다. 그 속으로 정액, 똥, 실리콘, 도파민, 가면과 채찍, 자아와 타자… 모든 것들이 통과하고 갈아탄다.

포르노는 위상학적 폭력이지, 물리적·위계적·젠더적 폭력이 아니다. 좋은 포르노에는 억압될 젠더가, 타자가 아예 없다. 그것은 타자를 억압하는 불연속성의 폭력이 아닌, 타자에 들러붙는 **연속성의 폭력**으로 육체를 인도한다. 그로써 세계마저 불연속적 타자가 아닌, 내 육체가 먼저 녹아지기만 한다면 "마음대로 늘이거나 줄일 수 있는"[8] 점성 연속체로 나타난다. 포르노가 불러오는 진정한 폭력성은 여기에 있다. 포르노는 몸의 모든 부분을 연결구로 만들 듯, 세계의 모든 타인이 연결구로 보이도록 만든다. 좋은 포르노는 인터넷을 모방한다. 가부장제가 아니라.

포르노를 보고 강간범이 된다는 통념은 사실이 아니다. 실상 강간범은 단단함의 패러다임에 남아 있다. 자신의 남근은 단단하다고 믿으며, 표적은 그보다 덜 단단할 것이라 믿으며. 그러나 점착충동의 학습에 따르는 대중적 효과는 세계

........................

**8**　같은 책, 0장, 36쪽.

를 '단단한 표적hard target'에서 '물렁한 표적soft target'으로 변형시키는 것이며, 그런 점에서 포르노는 강간범죄보다는 스토킹, 데이트 폭력, 인터넷 성착취, 딥페이크 포르노와 같은 "동화작용적 파괴"[9] 성향의 대중화에 더 기여한다.

포르노는 육체를 발명했다. 하지만 그와 함께 세계도 발명했다. 그곳은 아무데나 붙어도 찰떡이고 아무데나 엉겨도 꿀떡인 세상이다. 그래서 아무한테나 붙어도 찰떡이고 아무한테나 엉겨도 꿀떡인 세상이기도 하다. 포르노의 위상학적 꿈은 바로 그 폭력 속에서 실현된다. 어떤 타인도 마음대로 들러붙을 수 있다고 위상학적으로 망상하며. 점착이 곧 사랑이라고 망상하며.

포르노는 더이상 도덕의 문제가 아니다(그렇게 해석되는 게 옳았던 시대가 있었을 뿐이다). 포르노는 점성의 문제고, 고로 물질의 문제다. 포르노는 부도덕을 현실화해서 영혼의 적이 되는 것이 아니라, 물질을 과잉 현실화하고, 끝내 세계를 탈현실화해서 육체의 적이 된다.

.........................

9  장폴 사르트르, 『존재와 무II』, 4부 2장 3절, 457쪽.

2021년 김태현이 피해자를 처음 만난 것은 인터넷 게임 모임에서였다. 이후 수시로 연락하거나 집 앞까지 찾아오는 등 집착이 이어졌다. 범행 당일에는 택배기사로 위장해 집안으로 침입, 피해자의 어머니와 여동생을 먼저 살해했다. 그리고 귀가하는 피해자를 연달아 살해할 때까지 그는 집안에서 장장 6시간을 기다렸다. 끈질기게.

이번 세기, 범죄도 끈적끈적한 육체에 기반한다. 과거의 범죄는 그렇지 않았다. 지난 세기를 지배한 조직폭력과 살인강도는 적어도 무장했다. 견고한 조직력과 무력으로 상대를 제압하고 억압repress했다. 억압도 Re-다. 과거 범죄는 단단함의 패러다임에 속한다. 그러나 이번 세기를 특징짓는 스토킹, 데이트 폭력, 가스라이팅은 무장하지 않는다. 물론 무력을 쓰는 경우도 있으나 즉흥적이다. 도주 계획은 아예 없거나, 있어도 현실성이 너무 떨어져 바로 잡힌다. 그들은 애당초 상대를 억압할 마음도, 도망갈 마음도 없는 것이다. 반대로 그들의 무서움은 스스로 무장해제하고 상대의 내밀한 영역까지 잠식해오는 집착, 그 끈질김에 있다. 스토커는 정말이지, "거머리처럼 들러붙는다." 가스라이터는 거꾸로 들러붙인다. 현대의 범죄는 단단함의 위협이 아니라 **"끈적끈적한 것의 함정"**이다.[1]

현대의 범죄는 **점착충동**이다. 그것은 대상에게 점착하려는 충동이고, 나아가 모든 대상을 끈적거리는 것으로 감각하려는 충동이다. '차단'이 촉발요인이 되는 것은 이 때문이다. 차단은 점착의 거부로서 단단함을 상기시킨다. 그래서 더욱 모멸적이다. 김태현은 인터넷 채팅창에서 차단당하자 본격적으로 스토킹을 시작했다. 2016년 송파구 주차장 살

....................

1    장폴 사르트르, 손우성 옮김, 『존재와 무 II』, 삼성출판사, 1977, 4부 2장 3절, 449쪽. 강조는 인용자.

인 사건의 한효준도 피해자가 이별을 고하자 미행과 잠복을 시작했다. 회유와 자해 협박을 오락가락하다가 피해자가 어쩔 수 없이 만나주자 다음처럼 말한다. "나랑 헤어지면 너하고 가족들 전부 다 죽일 거야." 점착충동은 **모든 단단함에 대한 혐오**다. 그 저항감을 혐오하기 때문이다. 그래서 별 상관도 없는 가족과 지인들까지도 범행 대상으로 삼는 것이다. 점착에 저항한 단단함이라는 이유만으로.

점착충동에 의한 범죄에는 상대방도 끈적끈적한 존재였음을 확인하려는 포르노그래피적인 국면이 반드시 나타난다. 스토커가 왕왕 만들어내는 '리벤지 포르노'가 그러한 시도로서, 이는 그저 상대방을 모욕하거나 곤란하게 하려는 것이 아니다. 그것은 상대방도 자신만큼이나 질척이며 들러붙던 살덩이임을 확증하려는 시도다. 이런 확증 시도가 범행의 최종 단계에서는 오버킬overkill로 발현된다. 2009년 40대 남성이 다른 이와 결혼한 옛 연인을 망치와 칼로 50차례 내리쳐서 살해했다. 2016년 30대 남성이 동거녀가 가출하자 보온병에 황산을 담아가서 뿌려 살해했다. 2018년 동거남이 외도를 의심해 동거녀를 145차례 찔러 살해했다. 2021년 40대 여성이 헤어진 연인을 34차례 난자했다. 한효준의 압수된 가방에서도 염산통이 발견되었다. 그저 화풀이가 아니다. 그랬다면 죽은 다음엔 멈췄어야 한다. 그들은 녹여내려고 한다. 썰고 다지고 염산을 뿌려서라도 아무리 철벽을 치며 단단한 척하던 상대도 결국은 자신과 같은 끈적끈적한 존재였음을 눈앞에 펼쳐내서 증명하려고 한다. 2021년, 옛 담임선생님을 9년 동안 스토킹했던 20대 남성은 다음처럼 문자를 보냈다. "그라인더로 다 갈아버릴 거야." 점착충동은 편집증적이다.

과거 범죄와 현대 범죄를 친밀성의 정도로만 구분할 수 없다. 점착충동은 피상적이거나 일면식도 없는 관계에서도 발현되고, 공공장소에서도 터져나온다. 2014년 고미숙 살인사건, 2016년 강남역 김성민 살인사건, 2022년 신당역 전주환 살인사건, 부산 돌려차기 사건, 2023년 정유정 살인사건, 2024년 사천 고교생 살인사건 등이 그렇다. 김태현 역시 피해자와 교제한 적이 없다. 스토커의 눈에는 세상 모든 타인이 점착되기 위해 태어난 존재로 보인다. 점착되지 못하는 것은 존재할 필요도 없는 것이다.

스토커는 사랑해서 들러붙는 것이 아니다. 거꾸로 들러붙기 위해서만 사랑하며, 끈적끈적함의 보편성을 증명할 수만 있다면 그 누구에게라도 들러붙을 것이다. 스토킹도 묻지마 범죄다.

혐오는 필연적이다. 어떤 단단함도 모멸과 배신으로 받아들이는 점착충동은 이미 극렬한 혐오성애자다. 어떤 혐오도 저항성에 대한 혐오다. 단단한 육체는 혐오할 수 없다. 혐오는 끈적끈적한 육체의 특권이다. 젠더 혐오 범죄냐 묻지마 범죄냐 하는 논쟁은 무익하다. 표적의 범위가 달라질 뿐, 들러붙는 모든 현대 범죄는 혐오 범죄다.

지난 세기 범죄가 억압했다면, 이번 세기 범죄는 점착한다. 살인강도가 타자는 억압하고 자신은 도주하는 '이질화시키는 힘'이었다면, 스토킹은 도주고 나발이고 들러붙고 집어삼켜 '동질화시키는 힘'이다. 둘은 결코 혼동될 수 없다. 돌과 꿀, 건강과 헬스, 강박증과 편집증, 영화와 인터넷, 에로물과 포르노만큼 전혀 다른 패러다임이다.

이 시대의 폭력은 더이상 정신의 문제가 아니다. 세계와 타인을 느끼는 감각 자체가 과거와는 다른 것이다. 1장에서 전술했듯이 라이히는 정신질환의 메커니즘을 육체에서 발견했다. 끈적끈적한 육체는 이미 편집증자로서, 그의 왜곡된 자기감각이 폭력 성향의 조건이 된다는 것이다. 즉 강박증적인 단단한 육체와 달리, 끈적끈적한 육체는 현실세계와의 경계가 와해되어 있어 내부감각과 외부감각이 혼동되므로 '내가 내 바깥에 있다'는 식으로 몸안의 "감각들이 몸밖에 있다고 망상한다." 끈적끈적한 육체에겐 **기관감각** organ sensation**을 잘못 해석**"하는 데서 비롯되는 "현실감각의 상실"이 반드시 존재한다.[2]

스토커뿐만 아니라 가스라이터가 느끼는 세상이 정확히 이와 같다. 그들은 이미 타인과의 관계를 신체의 일부처럼 느끼고, 타인을 자신의 분신처럼 느낀다. 사람들은 김태현이 왜 범행 현장을 떠나지 않고 시신들과 함께 3일을 지냈

.........................

2　Wilhelm Reich, *Character Analysis*, trans. Theodore P. Wolfe, Orgone Institute Press, 1949(3rd Edition), chap. XVI, p.440 ; 윤수종 옮김, 『오르가즘의 기능』, 그린비, 2005, 3장, 65쪽. 신체망상분열증(somatoparaphrenia) 부분. "쾌락을 주는 모든 것이 확장된 자아의 일부가 된다."

는지에 대해서 갑론을박한다. 그러나 김태현은 어떤 불가해한 동기 때문에 시신을 떠나지 않은 것이 아니다. 그는 자신의 신체를 '떠날 수 없었다.' 2024년 사천 고교생 살인사건의 범인은 피해자에게 다음과 같이 썼다. "넌 나의 60조 개 세포의 이상형이야."

현대 범죄에는 점착충동에 상응하는 이상화된 **가상육체의 환상**이 반드시 개입한다. 거기서 들러붙는 행위는 대상과 일체화된 가상육체를 불려나가는 행위와도 같다. 스토커는 그저 관음증자가 아니다. 그가 끈질기게 대상 주변을 맴돌며 하루에 수백 통씩 문자를 보내는 것은 그럴수록 대상과의 일체감이 커지기 때문이다. 가스라이터는 그저 사기꾼이 아니다. 그가 끈질기게 대상을 속이고 책망과 애정을 반복하며 자신조차 속이는 것은 그럴수록 대상과의 합체감이 커지기 때문이다. 그들에게 범행은 이미 포르노의 일부다.

가스라이팅은 단지 '심리 지배'가 아니다. 그건 외려 심리를 없애 몸을 지배한다. 혹자들은 사람이 어떻게 그리 쉽게 조종당하냐며 놀라지만 이는 가스라이팅에 내포된 육체적 차원을 간과하기 때문이다. 가스라이터는 조종 단계 이전에 반드시 피해자를 "고립"시키고 "스스로도 의심하게" 만들어서 그가 감각하는 현실 전체를 지워버린다.[3] 바로 거기, 피해자를 포위한 "초현실적 환경"[4]이 가스라이터의 가상육체가 들어서는 자리다. 그로써, 가상육체는 초자아처럼 기능하면서 피해자는 가스라이터의 가상육체에 종속된 팔다리나 기관의 역할을 하게 되며, 피해자가 느끼는 '인정욕구'나 '자책'은 가상육체가 하위기관에 하달하는 신경자극처럼 기능하게 된다. 2021년 이은해는 피해자를 계곡물에 뛰어들도록 조종했다. 그전까지 이은해는 비난과 애정을 반복하며 피해자를 판단 불능상태로 만들었는데, 한 문자메시지엔 다음처럼 적었다. "잠들어서 꿈꾸면 옆에 나타날게." 이보다 가스라이팅의 본질을 잘 요약할 수는 없다. 꿈같은 가상 속에서 이루어지는 합체, 이것이 가스라이팅이다.

.........................

**3**   이수정, 「가스라이팅 및 스토킹의 심리적 기재에 관한 비교」, 『한국경찰연구』 21권 2호, 한국경찰연구학회, 2022, 215쪽.

**4**   Paige L. Sweet, "The Sociology of Gaslighting", *American Sociological Review*, Vol.84, No.5, 2019, p.856.

돈만이 가스라이팅의 목적이라고 볼 수 없다. 가스라이팅의 근본적인 희열은 들러붙은 육체들을 **제 수족처럼 부린**다는 그 나르시시즘적 일체감에 있다. 고로 스토킹처럼 가스라이팅에서도 포르노적인 국면이 반드시 나타난다. 물론 차이는 있다. 스토커가 육체들의 점착성을 증명attest하려고 한다면, 가스라이터는 육체들의 점착성을 시험test하려고 한다. 피해자들의 육체가 자신에게 얼마나 잘 들러붙었는지, 그로써 얼마나 제 수족처럼 쉽게 부릴 수 있으며, 얼마나 쉽게 보형물처럼 붙였다 뗄 수 있는지를. 가스라이터들이 별 현실적 이득도 없는 해괴한 지시를 일삼는 이유다.

2021년 40대 남성이 '장군보살'이라는 가상인물을 통해 동거녀를 가스라이팅하다가 살해했다. 성형수술을 하라고 명령하기도 했고, 성관계 체위와 시간까지 정해주기도 했다. 2022년 20대 여성이 연인을 가스라이팅하고 학대했다. 야구방망이로 두들기고 가위로 피부를 뜯어냈다. 피해자는 사망 당시 키 175센티미터에 55킬로그램이었다. 2023년 20년간 일가족을 가스라이팅해온 무속인 부부가 체포되었다. 가족끼리 서로 고문하라고 명령하기도 했고, 남매끼리

성관계를 하라고 명령하기도 했다. 결코 금전 갈취를 위한 명령이 아니다. 피해자의 신체변형은 가스라이터에겐 성형의 의미다. 피해자의 성관계는 그에게 자위의 의미다.

스토커와 가스라이터는 나르시시스트다. 단, 그저 심리적 나르시시스트가 아닌, 타인을 신체기관 삼아 가상육체를 키우려는 실천적 나르시시스트다.

가스라이팅은 랜선 없이 하는 리모컨 방송이다. 가스라이터는 피해자들의 가상 두뇌가 되어주는 대신, 피해자들은 가스라이터의 팔다리, 근육, 내장, 성기까지 **대행한다**. 그로써 의지와 성욕까지 대행한다.

가스라이팅에서 인터넷 속 가상인물이 종종 등장하는 것은 우연이 아니다. 가상육체는 인터넷에서 가장 쉽게 창출되기 때문이다. 저 장군보살도 핸드폰 메시지를 통해 명령을 내렸다. 2013년 인천 과외 제자 살인사건에서도 피해자를 학대하라고 지시한 가해자의 남자친구 역시 핸드폰 속 가상인물이었다. 가장 끔찍한 것은 2012년 기계교 사건이다. 30대 여성이 학부모 모임에서 만난 피해자에게 가상시스템 '기계교'에 온라인 등록하라고 유도한 뒤 핸드폰을 통해 지령을 내렸다. 피해자의 두 딸을 "씻기지 마라, 재우지 마라"라고 지시하다가 결국 살해할 것을 지시했다. 친모의 손에 주검이 된 두 딸의 나이는 일곱 살, 열 살이었다. '기계교'라는 용어가 의미심장하다. 어떤 가상육체도 기계교다. 그 하위기관들을 굽어보는 리바이어던 점착기계.

2019년 가장 거대한 기계교가 세상에 드러났다. 'N번방'은 여성들을 유인해 '노예'로 만든 뒤 자유롭게 조종하는 성착취 네트워크였다. 2020년에는 더 진화해 남성 가해자들까지 노예로 만들어버리는 '목사방'도 등장했다. 역시 돈만이 목적이 아니었다. 거기엔 걸려드는 아무나 제 수족처럼 부려보다가 싫증나면 클릭 한 번으로 지워버리는 과정이 그 자신의 성형 과정이 되고, 희생자 하나하나가 맘대로 떼고 붙이는 자신의 팔다리나 보형물이 되는 **초월적 가상육체**의 창출보다 우선하는 다른 목적이 없다. N번방 관리자 문형욱의 ID는 '갓갓'이었다.

또다른 관리자 조주빈은 실제로 일리자로프 성형술을 받았었다. 키를 늘이려 뼈를 부러뜨린 후 억지로 팔다리를 잡아 늘이는 사지연장술이다. 그가 본격적으로 범행을 시작한 것도 수술 회복 기간 도중이었고. 조주빈은 의사가 늘여준 팔다리가 만족스럽지 못했다. 그래서 스스로 발명한 가상육체에 노예들을 들러붙이고서 천리만리 잡아 늘였다. 그 네트워킹의 확장성이 가상육체의 초월성에 비례한다.

점착충동은 가상육체가 보편화되는 네트워크 사회에서만 출현하는 충동 유형이다. 거기서 우린 타인의 이미지로 짜깁기된 가상육체를 갈아타면서 누구라도 되고 누구로도 연결한다. 그렇게 남의 팔다리, 남의 얼굴, 남의 내장과 두뇌로 만들어진 가상육체를 나 자신과 혼동하는 데에 익숙해지며, 결국 그런 육체의 조작가능성을 개인의 자유와 권리로 받아들인다. 맘에 들면 멋대로 가져다 붙이고 맘에 들지 않으면 멋대로 잘라 떼어버리며. 많은 스토킹과 가스라이팅이 인터넷부터 시작되는 건 우연이 아니다.

매클루언은 "대항마비battle shock"를 말한다. 네트워크 시대에는 육체에 가해지는 자극이 너무나 폭증하여 그 방어기제로서 육체 스스로 일부 감각기관을 "폐쇄"하고 "절연"하는 "자기절단self-amputation"이 보편증상이 된다는 것이다.[5] 그는 범죄학적으로 옳았다. 스토킹과 가스라이팅에서 살해가

정확히 이런 의미로서, 여기서 가해자들은 타인을 가상육체의 일부처럼 감각하며, 타인을 통제하고 조종하는 과정을 그 자신의 성형 과정으로 향유한다. 그리고 그가 순응하지 않아서든 단물이 다 빠져서든, 타인과의 일체감이 더는 부인할 수 없는 이질감으로 느껴질 때, 그를 도려내고 절단한다. 라이히는 편집증자의 자해 시도를 분석하며, 그에게 자해 시도란 내장 속에서 느껴지는 이질적 타자에 의한 "복부의 긴장을 제거하려는" 합리적 행위라고 쓴다.[6] 아마도 스토커와 가스라이터도 자신들의 살해 행위가 합리적이라고 느낄 것이다. 그들에게 타인의 살해란 가상육체에 잘못 붙은 팔다리나 실리콘을 잘라내는 것과 같은 자기절단이다. 세상이 볼 때 살해인 것이 그들에게는 자해인 것이다. 그들의 자해 협박이 으레 살인의 전조 신호가 되는 이유다.

가상육체는 허구가 아니다. 스토커에게 가상육체는 클라인 학파의 개념 그대로, **"집어삼키고 절단하는 초자아"**처럼 기

<hr>

**5** 마셜 매클루언, 박정규 옮김, 『미디어의 이해』, 커뮤니케이션북스, 2001, 4장, 51~52쪽. 강조는 인용자.

**6** Wilhelm Reich, *Character Analysis*, 21st session, p.452.

능한다. 스토커는 들러붙어 집어삼키는 것 외에 사랑하는 법을 알지 못하고, "잘라내고 절단하는" 것 외에 이별하는 법을 알지 못한다.[7]

그렇다면 묻지마 범죄도 가상육체에 근거한다고 보아야 한다. 묻지마 범죄자는 반드시 오랜 기간 사회적으로 고립되어온 자이며, 그가 탐닉하던 SNS나 인터넷 게임 속 캐릭터만큼이나 거대한 가상육체를 은밀히 키워온 자다. 그는 세상보다 큰 가상육체를 키워왔으나, 그럴수록 세상 사람들이 그의 일거수일투족을 가로막는 내부 차단벽으로 환각되는 편집증적 악순환 속에 있다. 그의 대량살상 행위는 세상을 온전히 감각할 방법이 그 파괴밖에 남지 않았을 때, 즉 '내가 얼마나 많이 죽일 수 있는가'만이 '내가 얼마나 많은 이들과 연결될 수 있었는가'를 증명하는 유일한 방법일 때

--------------------

**7** Melanie Klein, "Early Stages of the Oedipus Conflict"(1928), *Love, Guilt and Reparation*, The Free Press, 1975, p.190. 라이히처럼 클라인 학파도 오이디푸스 단계 이전에 체내감각을 교란하는 '잡아먹는 초자아'를 발견했고, 이는 이후 각종 성격장애와 이상동기 범죄 분석의 기초가 되었다 ("On Criminality"(1934)).

선택되는 마지막 점착법이다.

무차별 흉기 난동이 극성이던 2023년, 그중 신호탄이었던 신림역 칼부림 사건의 범인 조선은 140미터를 내달리며 아무한테나 칼을 휘두르다가 붙잡혔다. 체포 직후 그는 중얼거린다. "그냥 좆같아서 죽였습니다." 그냥 하는 말이 아니다. 그에겐 온 세상이 가상육체의 비협조적인 일부처럼 느껴진다.[8]

이런 범죄자들은 그저 '사이코패스'가 아니다. 오히려 그런 헐렁한 개념은 우리는 그들과 다르다고 자위하기 위해 "범죄를 의료화"하려는 허명일 뿐이다.[9] 스토커, 가스라이터, 인터넷 성착취범은 사이코패스라기보다는 도착증자다. 타인을 망상 속에서 가상육체의 일부로 점착시켜 제 수족

....................

**8**　묻지마 범죄에서 타자의 의미에 관해서는 박순진, 「'불특정 다수를 향한 범죄'의 사회적 원인에 대한 연구」, 『한국공안행정학회보』 17호, 한국공안행정학회, 2004. "피해자는 범죄자에게 낯선 남남이 아니라 '의미 있는 타인'으로 인식된다"(218쪽).

**9**　루인, 「괴물을 발명하라: 프릭, 퀴어, 트랜스젠더, 화학적 거세 그리고 의료규범」, 『성의 정치 성의 권리』, 자음과모음, 2012, 95쪽. 루인은 같은 이유로 젠더의 의료화도 비판한다(103쪽).

처럼 멋대로 부리고 조종해보다가, 그렇게 자아를 맘껏 성형해보다가 이물감이 느껴지는 순간 멋대로 잘라내버리는 절단도착증자apotemnophiliac다. 이은해는 피해자를 독살하려다가 실패하자 다음처럼 말한다. "왜 멀쩡하냐."

의료화해봤자 결론은 같다. 스토커와 가스라이터 상당수는 정신 감정에서 경계선 혹은 자기애성 성격장애 진단을 받는다. 경계선 성격장애는 네트워크 시대에 보편화되는 나르시시즘 질환으로서, 그 본질은 "버려짐에 대한 두려움"에 있다. 경계선장애 환자는 상대방에게 광적으로 매달리거나 거짓말로 상황을 조작하는 등 "상상 속에서 버려지지 않기 위해 미친듯이 노력"하다가, 버려지기 전에 자신이 먼저 "스스로를 절단한다self-mutilate."[10]

실상 스토커가 자기 신체에 대해 가지는 감각은 '텅 빈 껍데기'와도 같다. 그래서 이를 채우려고 그토록 매달리고 들러붙는 것이다. 그런 점에서 스토킹 범죄도 BDD 같은 신체

---

10  APA, 권준수 외 옮김, 『정신질환의 진단 및 통계편람』(제5판), 학지사, 2015, 724~725쪽. 경계선 성격장애 부분.

망상증 현상의 일환으로 보아야 한다. BDD 환자가 거울 앞에서 홀로 하던 것을 스토커와 가스라이터는 타인에게 행한다는 점이 다를 뿐. "나는 껍데기일 뿐, 내 안에는 아무것도 없다. 나를 채울 수 있는 것은 연결connection뿐이다."[11] 그러니, 조금이라도 차단되면 칼을 들고 달려든다.

그러니까 스토킹, 가스라이팅, 묻지마 범죄, 디지털 성착취는 **가상육체의 자기절단**이 끊임없이 학습되고 합의되는 네트워크 사회가 아니라면 결코 대중화될 수 없는 폭력 유형들이다. 네트워크 사회는 절단도착증 사회다. 절단도착증 사회는 절단도착증자들을 양산해낸다. 스토커와 가스라이터들을 반드시 양육하고 길러낸다.

네트워크 사회는 성형사회이기도 하다. 일반적으로 가상육체의 조작이 쉬워질수록 스토킹과 가스라이팅은 대중화

......................

11  James F. Masterson, *Psychotherapy of the Borderline Adult*, Brunner/Mazel, 1976, chap.10, p.203. 경계선 환자 인터뷰 부분. 가상적 사지감각(illusory limb ownership)에 관한 최근 연구들도 보라. 가령 Robin Bekrater-Bodmann et al., "Body Plasticity in Borderline Personality Disorder", *Comprehensive Psychiatry*, Vol.69, 2016. 경계선 환자일수록 "가상적 수족을 더 잘 느낀다"(40쪽).

된다. 헬스와 성형수술이 성행하고, 포르노와 딥페이크가 흥행하는 사회일수록 스토킹과 가스라이팅은 유행한다. 모두 가상육체를 성형하고 잘라내는 연습이다.

'환지통phantom limb pain'은 절단도착증의 반대현상이다. 사고나 질병으로 팔다리를 절단한 환자는 절단되어 사라진 부위에서 여전히 감각을 느끼고 고통마저 느낀다. 메를로퐁티에 따르면, 환지통은 의식의 착오가 아니라 순전히 육체적 현상이다. 없는 팔다리에서 고통을 느끼는 것은 몸이 "절단에도 불구하고 계속 세계로 향하기" 때문이고, 그만큼 몸에게는 "절단에 앞서 미리 가지는 실천적 장champ pratique"이 존재하기 때문이다. 환지통은 단단한 육체의 특권이다. 환지통은 몸이 의식 이전에 **"세계와 맺는 결속**inhérence"의 단단함을 증거한다.[12]

그렇다면 없는 팔다리에서 고통을 느끼지도 못할뿐더러 팔다리를 절단하는 데서 자존감을 얻는 절단도착증은 그런

.........................

**12** 모리스 메를로퐁티, 류의근 옮김, 『지각의 현상학』, 문학과지성사, 2002, 1부 1장, 142~143쪽.

실존적 연대의 부재를 증거한다. 절단도착증자에겐 세계, 타자 심지어는 자기 육체에 대해 맺는 결속의 도식이 아예 없거나 왜곡되어 있는 것이다. 결속이 없으니 할 수 있는 일이라곤 들러붙는 것뿐이다. 아니면 잘라내거나.

환지통 사회는 단단한 사회다. 여기선 단단히 연대하는 육체들이 구성원이 되므로 사회의 한 부분이 결손되면 고통은 나머지 부분에서도 느껴지며 공감된다. 반면 절단도착증 사회는 물렁한 사회이고 네트워크 사회다. **단단한 네트워크란 있을 수 없다.** 거기선 끈적끈적한 육체들이 구성원이 되므로 사회의 한 부분이 결손되어도 나머지 부분에선 알지 못하고 알 필요도 없다. 또 떼고 붙이면 그만이다. 공감을 자유가 대체한다. 하지만 그것은 제멋대로 떼고 붙이는 나르시시즘의 자유일 뿐이다. 그래서 어떤 차단도 자유의 침탈로 여기며, 차단되는 순간 격분하고 분열하고 폭발해버린다. 칼부림은 그때 터져나온다.

스토킹과 가스라이팅은 이미 마조히즘의 진화된 형태다. 만약 페미니즘이 이 시대를 분투하는 마지막 육체철학일 수 있다면, 페미니즘은 마조히즘이 육체를 계몽해줄 거라는 바로크적 몽상을 멈추고, 이 사회가 당면한 스토킹과 가스라이팅에 먼저 응답해야 한다. 임옥희는 한다. 오늘날 육체를, 젠더를 정치화한다는 것은 "애도의 정치"와 분리될 수 없다. 사회 일부분의 결손을 애도할 때 "나의 넋은 내게서 빠져나가 내 곁에 머문다. 내 곁에 머물렀던 내 넋은 타자의 모습으로 귀환한다." 애도는 망자들의 넋을 껴안아 잃어버린 타자, 나아가 아직 잃어버리지 않은 타자들과 "연대하도록 해주는 힘"이다. 애도하는 사회는 환지통 사회다. 고로 단단하다. "애도는 저항"한다.[13]

스토킹과 가스라이팅의 유행은 도덕의식의 퇴행을 증거하는 것이 아니다. 퇴행하고 있는 것은 육체다. 그리고 육체들이 이루는 사회 전체다. 스토킹, 가스라이팅, 디지털 성착취의 대중화는 이 사회가 **구성원**member **하나 잘려나가도**dis-member **상관없는** 육체들의 집합이 되어가며, 실존적 수준의 연대성을 잃어가고 있음을 의미한다. 육체들의 단단한

.........................

13  임옥희, 『젠더 감정 정치』, 여이연, 2016, 7장, 235쪽, 232쪽. 임옥희는 애도하기를 듣기와 결부시킨다. "청자를 만드는 것이 애도의 정치다"(246쪽).

결속inherence을 끈적거리는 점착adherence으로 대체해가며, 개별 몸만큼이나 사회 전체도 물성변환하고 있음을 의미한다. 불완전해도 단단했던 사회에서 "완전하지만 산산조각난" 사회로.[14]

아무리 처벌을 강화해도, 아무리 우수한 스마트워치를 보급해도 소용없다. 서로의 부재를 아파할 능력이 없는 가상육체의 네트워크 속에선 절단도착증자들은 반드시 돌아온다. 김태현, 이은해, 조주빈, 기계교는 반드시 돌아온다. 거기선 우리 모두 절단도착증자들이다.

라이히는 오도된 단단한 육체는 마조히스트가 되어 파시즘을 스스로 갈구하게 될 것이라고 예언했다. 그는 옳았으나, 끈적끈적한 육체의 미래에 대해서는 알지 못했다. 당시에는 인터넷도 리모콘 방송도 없었다. 우리는 알고 있다. 지난 세기 마조히즘이 권위적이고 경직된 파시즘hard fascism의 전조증상이었다면, 이번 세기 스토킹과 가스라이팅의

<hr>

14 Melanie Klein, "A Contribution to the Psychogenesis of Manic-Depressive States"(1935), *Love, Guilt and Reparation*, p.270.

유행은 물렁끈적한 **부드러운 파시즘**soft fascism의 전조증상
이다. 민주주의마저 제멋대로 절단하고 성형하면서 독재조
차 사랑이라 망상하는.

마르크스에 따르면, 지구 최초의 성형중독자는 자본주의다. 자본주의는 무엇이든지 "떼고scheiden 붙인다binden."[1] 그럴수록 상품이 되기 때문이다. 물건을 떼고 붙이고($C$-$M$-$C$), 돈을 떼고 붙이고($M$-$C$-$M'$), 가치 자체를 떼고 붙인다($M$-$M'$). 무엇보다 인간을 떼고 붙인다. 자본주의는 인간을 생산수단과 분리한 뒤 재결합함으로써 인간을 "임금노동자로 변형한다."[2] $M$-$C$-$\langle {MP \atop LP} \cdots P \cdots C'$-$M'$는 자본의 성형

1 칼 마르크스, 최인호 외 옮김, 「1844년의 경제학 철학 초고」, 『칼 맑스 프리드리히 엥겔스 저작 선집 1』, 박종철출판사, 1991, 89쪽. 화폐 부분.

2 칼 마르크스, 김수행 옮김, 『자본론 I (하)』, 비봉출판사, 2009, 8편 26장, 981쪽.

설계도다. 자본주의는 세상을 뜯어고치며 그 자신도 끝없이 변신하는 성형괴물이다. "부르주아지는 자신의 모습대로 세계를 창조한다."[3]

물론 자본주의가 처음부터 막 뜯어고쳤던 건 아니다. 배불리기 바빴던 20세기가 지나고 나서야 그는 본격적인 성형을 시작했다. 특히 신자유주의는 사회를 성형하기 좋게 물렁물렁하게 만들려는 밑작업이었다. 자유로운 변형을 막는 모든 단단한 조직은 해체되었다. 노동은 유연화되고 비정규직으로 전환된다. 자기계발론이 유행하며 주체는 1인 기업이 되어 시장에 홀로 내던져진다. 노동은 이제 전문성이 아니라 어떤 새로운 직무와 환경에도 적응하며 자기 자신을 끊임없이 변형하는 탄력성으로 평가된다. 구조조정은 폭력이 아니라 사회를 '다이어트'하고 '워크아웃'하는 일로 인식된다. 개인은 언제든 자르고 붙일 수 있는 실리콘 같은 존재로 전락한다.

........................

3    칼 마르크스·프리드리히 엥겔스, 「공산주의당 선언」, 『칼 맑스 프리드리히 엥겔스 저작 선집 1』, 404쪽.

노동은 사회를 닮는다. 사회가 떼고 붙이는 형식으로 구조화됨에 따라, 노동도 떼고 붙이는 형식으로 파편화되어 간다. 대표적인 것이 플랫폼 노동이다. 플랫폼 노동에서는 모두가 순간 계약직이다. 콜을 받는 순간 계약이 시작되고 배달이 완료되는 순간 계약이 종료되며, 노동 형태도 익명의 개인들과 순간순간 만났다가 헤어지는 파편적 형태다. 노동 탄력성은 반응의 탄력성이 된다. 플랫폼 노동자는 배달중에도 핸드폰 호출신호에 신속히 반응해야 하며, 소비자 평점에 따라 끊임없이 행동을 수정해야 한다. 그리고 이런 데이터는 속속 플랫폼 업체에 전송되어 운행중에 쉬는 시간과 운전 습관까지 평가되고 관리된다. 네트워크 안에는 어느 누구도 자기 몸에 잠시라도 **머무를 시간이 없다.**

감정노동도 떼고 붙이는 노동이다. 배달원은 치킨을 이 집 저 집 떼고 붙이지만, 백화점 판매원과 콜센터 상담원들은 웃음을 이 고객 저 고객 떼고 붙여야 한다. 나아가 웃는 역할 자체를 자기 자신에게 뗐다 붙였다 하며 전혀 다른 캐릭터로 변신해야 한다. 이때 정해진 동작과 표정, '사랑합니다, 고객님' 같은 일정한 대사는 이윤을 보증하는 수표나 어음으로 기능하며, 이 또한 상황에 맞게 탄력적으로 변형시켜야 한다. 오프라인에서 일한다고 그가 네트워크 속에 없다고 볼 순 없다. 매장을 다녀간 누군가가 남긴 고객 평점은 이미 변신의 탄력성 부족을 지적하는 경고다. 그러니, 온 안면근육을 동원하여 웃음을 짓고 신경계를 쥐어짜서 '사랑합니다, 고객님'을 활성화해야 한다.

사회생물학자 파울 폰 릴리엔펠트는 동물의 신경계를 '생명자본Lebenskapital'이라고 불렀다. 다른 점이 있다면 개미와 원숭이의 신경계는 자본화될수록 "전문화되고 통합되어" "재산과 자유가 많아지지만" 플랫폼·감정노동자의 신경계는 자본화될수록 탈전문화되고 분열되어 점점 빈곤해진다는 것이다. 과연 "이런 퇴화현상은 이 사회의 신경계가 퇴행하고 있다는 신호다."[4]

정말이지, 모든 것이 지난 세기 몸밖에서 진행되던, $M-C-\langle{MP \atop LP}\cdots P\cdots C'-M'$라는 자본의 변신 과정이 오늘날엔 몸속

4  Paul von Lilienfeld, *Gedanken über die Socialwissenschaft der Zukunft*, E. Behre's Verlag, Zweiter Theil(1875), chap. I , p.24 ; Erster Theil(1873), chap.XIX, p.213.

에서 진행되는 것처럼 일어난다. 지난 세기 자본은 몸이 외화하던 노동력을 착취했지만, 이번 세기 자본은 몸속의 신경계적 변화를 착취한다. 전문화된 노동력은 일단 구매해야 남겨먹지만($M$-$C$-$M'$), 비전문화된 몸의 변신은 공짜나 다름없는데도 남는 장사이기 때문이다($C$-$C'$). 그로써, 몸은 "끊임없이 이 모양 저 모양으로 변형되며 가치를 낳는" 신비로운 상품으로 나타난다.[5]

우리는 이제 왜 한편에서 저임금 장시간 노동에 시달리면서도, 다른 한편에서는 "허벅지가 두꺼워야 부자가 된다"는 식의 편집증적 신체망상이 자기계발론으로 버젓이 유행하는지를 이해할 수 있다. 끝없이 탈전문화되고 탈숙련화되는 노동환경 속에서 변화시켜야 할 물체가 몸밖에 남지를 않았다. 이번 세기 자본주의는 돈의 물신화를 **몸의 물신화**로 대체한다. 몸의 변신만큼 남는 장사가 없다. 더구나 변신은 공짜다. 그러니, "부자가 되고 싶다면 변신해라."[6]

........................

5  칼 마르크스, 김수행 옮김, 『자본론 I (상)』, 비봉출판사, 2009, 2편 4장, 199쪽.

6  유영만·김예림, 『부자의 1원칙, 몸에 투자하라』, 블랙피쉬, 2021, 77쪽, 46쪽. "믿을 건 몸밖에 없다. 몸은 가장 확실한 자본이다"(75쪽).

우리는 단순동작을 반복하던 과거의 노동과 달리, 몸의 변신과 그 캐릭터 변화가 가치 창출의 원천이 되는 이 시대의 노동을 '변신노동'이라고 부를 수 있을 것이다. 예컨대 모든 종류의 감정노동은 변신노동이다. 다른 캐릭터로 변신하는 노동이기 때문이다(상담·간호·돌봄·가사…). 플랫폼 노동도 변신노동의 측면이 있다. 너무나도 임시적이고 순간적인 노동이기 때문이다. 대부분의 플랫폼 노동은 투잡의 형태로 이루어지며 쓰리잡, 포잡으로 줄줄이 연계될 수도 있다(배달·대리운전·심부름·크라우드 워커…).

플랫폼 노동은 육체를 **항상적인 변신 준비상태**로 만든다. 오늘날 인터넷에 운집한 유튜버, 틱톡커, 스트리머, BJ들도 영락없는 변신노동자들이다. 그들은 일상에서 어떤 사람인지와 상관없이 모니터 앞에서 가상의 캐릭터를 연기해야만 한다. 광고 수익이 없다고 변신노동자가 아닌 것은 아니다. '좋아요'가 이미 화폐이고 재산이다. 자기계발도 변신노동이다. 헬스, 다이어트, 성형은 이 시대를 대표하는 변신노동이다. 모두 "천의 얼굴"로 "자기 모습을 바꾸는 변신" 역량의 개발이다.[7]

변신노동의 특징은 핸드폰으로 이 링크 저 링크 떼고 붙일수록 변신이 가속화된다는 것이다. 오늘날 핸드폰은 변신 가속기, 인터넷은 변신 훈련소가 되었다. 우리 모두는 변신노동자다. 오늘도 SNS에서 무수한 링크에 떼고(싫어요) 붙으며(좋아요) 가상적인 나 자신으로 변신했다는 점에서 그렇다. 동시에 클릭의 족적과 함께 나의 활동·취향·감정 데이터 같은 "네트워크 잉여가치"[8]를 플랫폼 기업에게 성실히 상납했다는 점에서 그렇다. 플랫폼 자본주의에선 아무리 사소한 변신도 네트워크 잉여가치를 낳는다. 물론 그 소유권은 변신노동자에게 없다. 변신노동은 중추신경계의 테일러리즘이다. 이번 세기, 변신은 착취다.

지난 세기, 자본은 단단했다. 몸은 억압의 대상이었고, 자본은 몸을 짓눌러서 처먹기 바빴다. 지난 세기 자본은 비만 환자다. 그는 비대해지건 말건 사회를 살찌우며 점점 불어나는 내장지방을 부富라고 여긴다. 그러나 이번 세기, 자본


**7**  서동진, 『자유의 의지 자기계발의 의지』, 돌베개, 2009, 4장, 229쪽, 369쪽. "신체의 테크놀로지"에 대해선 344~347쪽.

**8**  조정환, 『인지자본주의』, 갈무리, 2011, 5장, 139쪽.

은 물렁하다. 몸은 억압의 대상이 아니라 변신의 주체로 간주되며, 자본도 함께 변신하기 바쁘다. 이번 세기 자본은 비만 환자가 아니라 성형중독자다. 그는 인간을 종점 없는 변신회로 속에 집어넣고 **노동 자체를 다이어트**하며 사회 전체를 성형해간다. 더 유연하고 더 탄력 있게, 더 매끄럽고 더 물렁하게. 후기자본주의는 반드시 성형사회다.

신자유주의가 궁극적으로 민영화한 것은 몸이다. 오늘날 자본주의는 더이상 몸을 억압하지 않는다. 외려 몸이야말로 당신이 가진 유일한 사유재산이자 고유한 자본이라고 추켜세우며, 그 변형의 편차를 잉여가치로 전유해간다. 네트워크의 망망대해 속에서 여기 떼서 저기 붙이며. 부자가 되려면 쉬지 말고 변신하라며, 허벅지가 두꺼워야 부자가 된다며.

고로 가장 최초의 변신은 몸과 대상 사이에서가 아니라, 몸속에서 먼저 일어난다. 마르크스는 기계가 고도화되는 날엔 기계가 인간의 도구이기를 멈추고, 거꾸로 인간이 기계에 이식되어 기계의 "팔다리"나 "기관"이 될 것이라고 예언했다. 그날은 이미 와 있다. 인터넷이 바로 그 거대 기계다. 핸드폰이 그 매개체다. 핸드폰을 도구라고 볼 수 없다. 우리가 잠시라도 핸드폰을 놓지 못하는 것은 핸드폰이 이미 우리의 손발과 두뇌를 대행하고 있기 때문이다. 차라리 핸드폰은 인류의 몸에 이식되었다고도 말할 수 있다. 그만큼 우리 자신도 **네트워크** "**체계의 한 링크**Glied des Systems"로 **이식된다.**[9] 클릭할수록 변신하고 또 변신하며.

모든 변신노동자는 사이보그다. 그의 모든 노동은 기계와 신체의 융합으로 개시되며, 그의 두뇌와 팔다리가 핸드폰과 하이퍼링크로 구성된다는 점에서 그렇다. 그의 노동은 변신이며, 그가 생산하는 잉여가치는 건당 수수료와 네트워크 잉여가치다. 그의 노동수단은 핸드폰이 이식된 몸이다. 물론 그는 네트워크의 사용자가 아니다. 반대로 네트워크가 그의 사용자다. 사이보그도 별점은 피할 수 없다.

오늘날 노동은 하이퍼링크의 이진법적 작동방식을 닮아간다. 클릭하면 붙고(1) 클릭하면 떨어진다(0). 변신노동의

9 칼 마르크스, 김호균 옮김, 『정치경제학 비판 요강Ⅱ』, 백의, 2000, 369쪽, 371쪽. 기계류 부분.

폭력성은 여기에 있다. 변신노동은 육체를 어디든 떼고 붙이지만, 그만큼 정체성도 떼었다 붙였다 한다. 그러나 아무나 떼고 붙이다간 그 자신이 아무나가 된다. 실제로 변신노동은 **자기감각의 상실**을 초래하며, 많은 경우 우울증과 공황장애로 발전한다. 최악의 경우엔 몸의 내수용 감각조차 적절히 해석할 수 없는 해리장애로 이어진다.

수학자이자 언어학자인 코르지브스키에 따르면, 인간의 신경장애는 언어학적 기원을 가진다. 가령 파블로프 실험에서처럼 "신호와 먹이를 동일시"하는 이진법적 언어를 가진 동물은 "신호와 먹이의 부재도 동일시"할 수밖에 없는데, 인간의 언어도 이진법적 구조로 환원될수록 그와 같은 "의미론적 혼동"이 야기되며, 이는 콜로이드 수준에서 내분비 이상과 신경계 교란으로 이어져 정신병의 원인이 된다는 것이다.[10] 학계에서는 헛소리로 치부되던 그의 이론이 오

.........................

10  Alfred Korzybski, *Science and Sanity*(1933), Institute of General Se-mantics, 1958(4th edition), chap.XIII, pp.195~196. "언어는 지도지 영토가 아니다. 영토와 다르게 보여주는 지도를 따라가다가는 길을 잃게 된다"(chap.VII, p.498).

늘날 노동시장에서는 일상적 진리가 되어버렸다. 콜신호는 많아지는데(1) 점점 더 가난해진다(0). 변신신호는 많아지는데(1) 정작 내 몸이 할 수 있는 것은 점점 적어진다(0). 내 소유물이라는데 내 맘대로는 점점 되질 않는다.

오늘날 보편적 직업병이 된 공황장애와 우울증이 하이퍼링크의 이진법적 구조로 축소된 변신노동이 초래하는 신경계 교란이 아니라면 무엇일까. 대상 없는 웃음과 웅크린 속마음, 떠나버린 육체와 머무르려는 정신의 간극을 메울 수 있는 것은 자기계발서가 읊어주는 또다른 신체망상일 뿐일진대. 부자 되려면 변신하라, 허벅지가 두꺼워야 부자 된다, 아니면 부도가 난다…….

1985년 도나 해러웨이는 그 유명한 「사이보그 선언문」을 썼다. 그리고 기왕 인간이 기계와 융합된 바에야 그로부터 다시 저항을 시작해야 한다고 주장했다. 그녀에 따르면, 기존 저항 이론들은 인류가 이미 사이보그로 변신중이라는 진화론적 사실을 외면한 채 총체성의 신화에 빌붙다가 모두 좌초되었다. 사이보그는 차라리 자신의 "조각난 정체성"을 인정하고 그로부터 새로운 운동을 개시해야 한다. 사이보그는 "무한한 차이 속으로 뛰어들고, 부분적이고 진정한 연결을 구성해야 한다." 특히 네트워킹과 생명공학은 주요한 저항 전략이 될 것이다. "네트워크를 읽는 법을 배우면 새로운 연합을 이뤄낼 방법을 배울 수 있을지도 모른다."[11]

가능할 것이다. 그러나 해러웨이가 저 글을 썼을 때는 변신노동이 없었다. 플랫폼도 없었고, 치킨 배달도 없었으며, '사랑합니다, 고객님'도 없었고, 유튜버도 먹방도 없었다. 그녀는 변신이 다시 자본주의를 매끈하게 성형해주는 노동이 될 줄도 몰랐고, 사이보그가 콜신호와 별점을 따라 길거리를 배회하는 이진법적 동물이 될 줄도 몰랐으며, 사이보그도 허벅지가 두꺼우면 부자가 되는 세상이 올 줄도 몰랐다. 그로써, 그녀는 사이보그가 융합trans-을 저항re-으로 바꾸기 위해 지불해야 할 비용을 빠뜨린다(혹은 일부러 생략했다). 해러웨이의 사이보그론에는 공황론이 없다.

마르크스주의에는 있다. 마르크스는 공황이 외부의 단단함에 부딪혀 초래되는 것이 아니라 자본주의 내부에서 오

11 도나 해러웨이, 황희선 옮김, 『해러웨이 선언문』, 책세상, 2019, 43쪽, 63쪽.

는 것이라고 말한다. 성형중독자가 너무 뜯어고치다가 스스로 허물어지듯이, 자본주의도 너무 떼고 붙이다가($\frac{c}{v}$ 증가) 거부반응에 직면해($\frac{s/v}{c/v+1}$ 하락) 스스로 무너진다.[12] 마르크스주의에서 줄곧 스캔들이었던 '자본의 유기적 구성organic composition'이란 자본의 성형률 혹은 변신율에 다름 아니며, 공황은 그에 대한 세계의 자연스러운 거부반응인 것이다.

물론 공황은 오지 않았고 자본주의도 붕괴되지 않았다. 하지만 공황은 이미 우리네 몸속에 와 있다. 변신할수록 내가 나 자신이 아닌 것 같은 해리감, 내 몸이 나와 전혀 상관없는 것 같은 패닉이 이미 내 안의 공황이다. 환영과 자책

........................

12 칼 마르크스, 김수행 옮김, 『자본론Ⅲ(상)』, 비봉출판사, 2004, 3편 13장, 255쪽. "자본주의적 생산은 총자본의 유기적 구성을 점점 증가시키며, 그 결과 이윤율은 계속 하락한다." 하비의 다음 도식은 생산과정이 잘리고 재결합되는 것만으로도 자본의 유기적 구성이 증가하여($\frac{C_0}{V_0} \langle \frac{C_1+C_2}{V_1+V_2}$) 이윤율이 하락할 수 있음을 보여준다(데이비드 하비, 최병두 옮김, 『자본의 한계』, 한울, 1995, 4장, 185쪽).

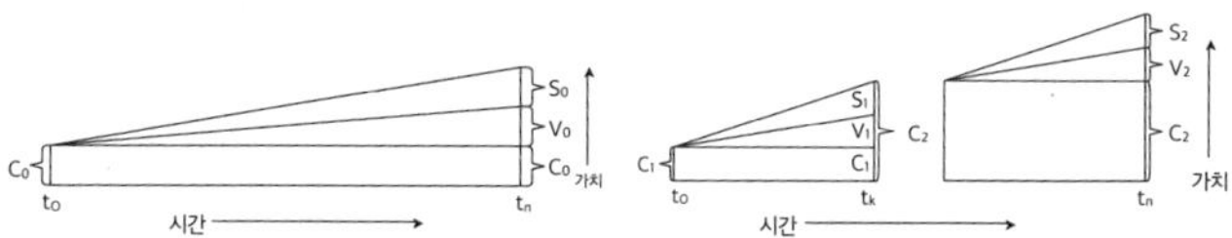

이 뒤섞인 그 절멸감을 어떤 신화로도 뭉갤 수 없는 완고한
실재로 받아들이고, 그 "내부 혼돈과 투쟁하는" "애도의 노
동"[13]을 먼저 해내지 않고서는 어떤 사이보그도 새로운 연합
을 결성할 수 없다. 육체가 지니는 "노동력은 노동자의 능력
이지 그의 자본은 아니다"[14]라는 사실을 잊는다면, 더더욱.


**13** Melanie Klein, "Mourning and Its Relation to Manic-Depressive States"(1940), *Love, Guilt and Reparation*, The Free Press, 1975, p.361, p.344.

**14** 칼 마르크스, 김수행 옮김, 『자본론 II』, 비봉출판사, 2010, 3편 20장, 533쪽.

최초의 AI는 17세기에 등장한다. 사회계약론에 따르면, 투쟁에 지친 인민이 주권을 양도하면 군주는 인민을 대신하여 생각하고 결정하면서 인민 "각각의 행동과 판단을 소유"하는 인공두뇌가 되고, 국가는 인민 전체를 자신의 기관이나 팔다리로 부리는 "인공인간artificial man"이 된다.[1] 사회계약에 의해 군중이 진정으로 양도한 것은 그들의 두뇌다. "군주는 국가의 머리인 동시에 육체 그 자체"가 된다.[2]

21세기의 상황은 전혀 다르다. 군주정은 물러갔고 자유

<hr>

1    토머스 홉스, 한승조 옮김, 『리바이어던』, 삼성출판사, 1987, 2부 2장, 258쪽 ; 서론, 149쪽.

주의와 개인주의, 그리고 인터넷이 들어섰다. 두뇌는 양도 되지 않고 고스란히 개인에게 남아 이제 만인은 누구와도 접속하고 누구로도 되는 자유를 누린다. 사회계약은 로그 인으로, 군주가 독점하던 두뇌는 네트워크로 대체된다.

두뇌가 달라지면 군중의 물성도 달라진다. 지난 세기 군 중은 군주라는 단일한 두뇌에 의해 연대solidarity되었으므 로 "단단했다solid."[3] 그런 군중은 일정한 모양과 방향을 지 닌다. 그들은 "한몸one body과 같으므로 한 방향으로 나아 가야만 한다."[4] 반면 오늘날 인터넷상의 군중은 일정한 모 양이나 방향이 없다. 각자의 두뇌에 따라 순간적으로 모였 다가 이내 흩어지는 그들은 자르고 붙이는 대로 변형되는

........................

**2**  Ernst H. Kantorowicz, *The King's Two Bodies*, Princeton University Press, 1957, chap. V, p.268. 통치자의 두뇌와 몸에 대한 칸토로비치의 기 념비적 저서. "사회는 예수를 머리로 가지는 신화적 육체(corpus mysticum) 라는 교리가 계승되어 왕이 국가의 머리임을 뜻하게 되었다"(chap. I, p.16).

**3**  장자크 루소, 최현 옮김, 『사회계약론』, 집문당, 1995, 2권 4장, 213쪽. 계 약은 "육체(corps)와 그 부분들(membres) 간의 계약이므로 단단하다."

**4**  존 로크, 이극찬 옮김, 『통치론』, 삼성출판사, 1982, 8장 96절, 100쪽. 강조 는 인용자.

빅데이터처럼 존재한다. "오프라인에서 입자처럼 행동하던 사람들이 온라인에서는 파동처럼 행동한다."[5]

지난 세기의 군중이 Re-의 술어로 살아가던 **단단한 군중**이었다면, 이번 세기의 인터넷 군중은 Trans-의 술어로 살아가는 **물렁한 군중**이다. 단단한 군중의 육체는 단단하다. 하나의 두뇌로 대표되어re- 연대하는 몸들이다. 반면 물렁한 군중의 육체는 물렁하다. 무수한 두뇌들이 자유로이 떼고 붙는 대로 순간순간 변신하는trans- 몸들이다. 그들에겐 현실도 인터넷이다.

언어도 달라진다. 지난 세기 군중의 언어는 지시했다(대상·목표·방향…). 그래서 충돌하기 일쑤였고. 군주는 이렇게 충돌하는 말들을 하나의 의지로 통합함으로써 군중의 두뇌를 참칭했을 테고. 그러나 인터넷상에서 말은 지시하지도 충돌하지도 않는다. SNS와 블로그는 지극히 사적인 정보로 채워지고, 그마저도 남의 취향과 욕망을 Ctrl+C/V하기 바쁘다. 그래야 더 '좋아요'되기 때문이다. 일반적으로 인터넷

.........................

**5**  김홍중, 『은둔기계』, 문학동네, 2020, 3부, 237쪽.

에서 말은 지시하기refer 위해서가 아니라, 전이되기transfer 위해서만 말해진다. 악플은 그래서 유행한다. 싸울 각오로 진중히 던져지는 악플은 없다. 가볍게 깐족대고 잽싸게 튈수록 좋은 악플이다. ID는 갈아타면 그만이다. 근거나 대안을 지시하지도 않는다. 세상 끝까지 전파되며 더 많은 악플들이 들러붙는 **끈적이는 악플**만이 좋은 악플이다.

장기기억도 불가능해진다. 단단한 군중에게는 집단의 공통과거를 지시하는 정치적 구호가 있었다. 반면 인터넷에 그런 구호란 존재하지 않는다. 해시태그는 구호가 될 수 없다. 습관적으로 달아놓은 무수히 많은 #들 중 하나일 뿐. 기억은 쌓이지 않는다. #·#·#… 갈아타며 클릭해대는 순간 안에 기억이 뿌리내릴 시간이 없다. 더구나 우린 몸까지 갈아탄다. 이 #에선 '본캐'이고 저 #에선 '부캐'다. 클릭 한 번이면 얼굴과 몸매가 저항 없이 변형되며 누구나 셀럽이고 슈퍼모델이 되어 그 기억까지 주입받는다. 진짜인지 가짜인지는 중요치 않다. 어차피 다음날이면 다른 육체, 다른 기억이다. 물렁한 군중은 해리성 단기기억상실증자다. 그들은 매순간 다른 말을 하고, 매순간 다른 캐로 변신한다. 거의

'디지털 두뇌이식'이라 할 만한 상황이다.

인터넷이 두뇌를 몸밖으로 확장한다는 매클루언의 선언은 너무 중립적이다. 우리는 차라리 인터넷 비판론자들을 참조할 수 있다. 인터넷은 두뇌를 몸에서 "뿌리뽑는다 deracinate."[6] 그도 그럴 게 두뇌가 뿌리내리기에는 인터넷 군중의 육체는 너무 물렁하다. 무르니 뿌리내려도 금방 뽑혀나온다. 인터넷은 두뇌를 언제든지 리셋할 수 있고, 아무 몸에다 떼고 붙일 수 있는 USB처럼 만들어버린다. 그만큼 타인의 생각과 욕망은 저항 없이 복제되고 다운로드되며 개인은 누구로든 변신하겠으나, 정작 고정된 '나'란 없다. "몸은 언제든지 게임 종료하고 빠져나갈 수 있는" "외피로 변형된다."[7]

인터넷은 정보 고속도로이기 전에 '척추 고속도로'다. 몸에서 뽑혀나온 두뇌들이 그 통행자들이고, 척수들을 한데 엮

......................

6  휴버트 드레이퍼스, 최일만 옮김, 『인터넷의 철학』, 필로소픽, 2015, 4장, 130쪽. 정보 고속도로 부분.

7  이수자, 『후기 근대의 페미니즘 담론』, 여이연, 2004, 9장, 252~253쪽. 디지털 신체 부분.

는 하이퍼링크가 그 아스팔트다. '좋아요'가 그 연료다. 거기선 클릭만 하면 발도 없는 두뇌들이 천리만리 내달리며 매 순간 몸도 갈아타고 생각과 욕망도 전이하지만, 정작 교통사고만은 일어나지 않는다. 클릭의 순간 안에 충돌할 시간이 없다. 거기엔 충돌될 **단단한 몸**이 아예 **없다**. 충돌하기 전에 두뇌가 먼저 "육체를 떠난다."[8]

'디지털 유목민'을 오해해서는 안 된다. 인터넷에서 진정 떠돌게 된 것은 개인이 아니라 두뇌다. 개인은 두뇌의 이동에 따라 명멸하는 개념이 되었다. 지난 세기, 단단한 군중의 두뇌는 정착민이었다. 비록 군주의 머리를 빌리기는 했으나, 군중의 두뇌는 몸에 견고히 뿌리를 내렸고 그만큼 생각과 기억도 뿌리내렸다. 그는 국가라는 더 큰 육체를 지키려는 강박증자이기도 했다. 말로는 외부의 적을 지시하며, 팔다리로는 국경을 지키며. 반면 물렁한 군중의 두뇌는 유목민이다. 그는 강박증자가 아니라 다중인격 편집증자다. 뿌리뽑혀 척추 고속도로를 따라 이 몸 저 몸을 떠도는 그에게

........................

8    같은 책, 5장, 166쪽.

지켜야 할 몸이란 따로 없다. 그러니 지켜야 할 국경도, 가리킬 방향도, 사수해야 할 정체성도 따로 없다. 주인 없는 몸, 주인 없는 생각과 욕망만이 그의 모든 의식주다.

이는 대표와 대행의 차이이기도 하다. **뿌리내린 두뇌만이 몸을 대표한다.** 책임진다(Re-). 지난 세기 군주가 군중의 권리와 재산을 대표하고 책임진 방식이다. 반면 뿌리뽑힌 두뇌는 어떤 몸도 대표하거나 책임지지 않는다. 이 몸 저 몸 갈아타며 서로를 대행할 뿐(Trans-). 주인 없는 생각과 욕망만을 퍼다 나르며. 그만큼 변신하고 또 분열하며.

결국 사유하는 방식이 달라진다. 지난 세기에 사유란 결단決斷하는 일이었다. 결단의 뜻 그대로 경계를 그어 타자를 갈라내고 판별해내는 일이다. 사회계약론은 군주가 군중을 대표하여 '공통의 적'을 판별해내야 한다고 끊임없이 강조한다. 군주의 두뇌는 국가와 적국을 육체 대 육체로 분별해내야 하는 '타자감별 강박증'에 시달리고 있던 셈이다. 그러나 인터넷에 접속한 두뇌는 그런 강박으로부터 자유롭다. 아무데서나 두뇌를 뿌리뽑아 아무데나 심어도 되는 네트워크엔 네 몸 내 몸을 갈라줄 견고한 국경이 없다. 인터넷에는 타자가 아예 없다. 서로서로 대행하며 닮아가는 두뇌들은 서로 '친구'고 '팔로워'일 뿐이다. 아무리 깐족대는 악플러도 타자는 될 수 없다. '차단'하고 '언팔'해서 잘라내면 그만이다. 인터넷엔 서로를 단단한 타자로 만들어줄 단단한 몸이 아예 없다.

물렁한 군중에게 없는 것이 결단력이다. 단단한 몸이 없어서 자아와 타자조차 갈라낼 수 없는데 무엇을 판별할 수 있을까. 갈라내고 결단할 수 있는 것은 고작해야 가상육체들뿐인데 그마저도 물렁한 군중의 축소판이다. **오늘날 사유는 성형수술과 비슷해졌다.** 이는 "사회라는 신체를 토막토막 절단하고는 그 토막들을 다시 합쳐놓는 것"[9]과 다를 바 없다. 이런 사유는 결단력이 아니라, 그저 절단도착증일 뿐이다.

사람들은 네트워크 시대의 집단지성을 예찬하지만, 집단지성은 결코 집단이성이 될 수 없다. 지성은 분석하고 종합하지만, 이성은 결단한다.[10] 아무리 많은 두뇌들이 모여서 데이터를 떼고(분석) 붙여봤자(종합) 결단이 나오진 않는다.

........................

9    장자크 루소, 『사회계약론』, 2권 2장, 207쪽. 주권 분할 비판 부분.

결단해낼 타자로서의 단단한 몸이 그들에겐 없다. 집단지성은 결코 현명해질 수 없다. 스마트해질 수 있을 뿐.

　같은 이유로 AI가 사법 판단까지 대신해줄 거란 희망도 헛되다. AI는 진보할수록 이성적인 현자는커녕 스마트한 편집증자가 될 뿐이다. 이른바 '**AI 환각현상**AI hallucination'은 오류가 아니라 AI의 운명이다. 아무리 딥러닝 노드를 늘리고 외부검색 채널을 보강해도 소용이 없다. 뿌리내릴 몸이 없어서 자아와 타자의 경계조차 긋지 못하는 AI 두뇌는 자신의 모든 연산을 현실로 받아들이며, 최악의 경우 데이터와 사물을 혼동하는 편집증자가 되리라. 코르지브스키의 통찰처럼 "말은 사물이 아님을 기억해내지 못하는" 이진 법적 체계는 이성은커녕 "환각에 이를 뿐"일 테니까.[11] AI는 결코 육체의 지혜를 흉내낼 수 없다. 육체를 떠나서는 아무

.........................

**10**　임마뉴엘 칸트, 전원배 옮김, 『순수이성비판』, 삼성출판사, 1989, B786.

**11**　Alfred Korzybski, *Science and Sanity*(1933), Institute of General Semantics, 1958(4th edition), chap.Ⅶ, p.418, p.428. "말은 고차계수의 추상화이지만 사물은 저차계수의 추상화다." 이 둘을 혼동하는 데서 "정신병이 야기된다"(pp.418~419).

것도 결단되지 않는다.

　17세기 인공인간은 적어도 편집증은 예방할 수 있었을 것이다. 그의 두뇌는 군중이라는 몸에 뿌리내렸으므로. 하지만 그건 두뇌도 타자라는 실존적 비용을 지불하는 조건에서였다. 실상 두뇌는 수많은 신체기관 중 가장 본래적인 타자다. 몸속에 숨은 두뇌의 심오한 불투명성으로 인해 나조차 나에 대해 다 알 수 없다. 무엇보다도 **두뇌는 몸에 대해서 타자다.** 몸이 무리하게 운동하거나 변형되면 뇌는 멈추라고 명령을 내린다. 두뇌는 몸의 마지막 저항전선이자 변형 제어장치인 것이다. 지난 세기의 주권이론가들은 이를 잘 알고 있었고, 두뇌의 타자성은 사회계약론의 공공연한 스캔들이었다. 홉스조차 군주는 가장 이성적인 두뇌라면서도 그가 "현혹될 수 있다"는 것은 시인한다. 마키아벨리는 더 나아간다. 그는 군주가 가끔은 인민에게 거짓말도 하고 간신들에겐 속아주며 "위장"해야 한다고까지 조언한다.[12] '군주는 국가의 머리이고 그 몸 자체'라는 당대의 교리는 논리적 모순이 아니라, 두뇌를 독점한 자와 육체를 가진 자는 투쟁중이었다는 사실을, 적어도 그때는 군주와 군중, 두뇌와 몸은 타자 대 타자로서 견고히 대립하고 있었음을 의미했던 셈이다. 대표자와 피대표자 간의 간극도 이로부터 나올 것이며.

하지만 모두 두뇌가 몸에 정착했을 때의 이야기다. 오늘날 인터넷이 없애려는 것이 저런 간극이다. 인터넷은 두뇌를 몸에서 뽑아내 서로를 대행케 함으로써 두뇌 일반을 언제든지 열어볼 수 있는 투명한 데이터 저장장치로 만든다. 몸과 함께 지켜오던 두뇌 본연의 불투명한 깊이를 소거함으로써 네트워크 안에 어떤 불투명한 타자도 남겨놓지 않기 위해서고, 결국 **대표의 필요성까지 소거하기** 위해서다. 대표란 불투명한 타자들 사이에서 성립하는 개념이다. 정착할 몸이 없어서 서로 타자도 될 수도 없는 투명두뇌들의 세상에선 대표도 필요 없는 것이다. 인터넷은 세상이 되려고 한다.

......................

**12**  각각 토머스 홉스, 『리바이어던』, 2부 3장, 269쪽 ; 니콜로 마키아벨리, 임명방 옮김, 『군주론』, 삼성출판사, 1987, 18장, 79~80쪽. 가장 유명한 편집증 예방책이 신과의 사회계약을 금지하는 것이다. 신은 전지전능하므로 그에게 두뇌를 양도했다가는 집단 편집증이 발발하며, 이는 내란을 초래한다(『리바이어던』, 1부 14장, 234쪽 ; 2부 13장, 363쪽).

두뇌과학과 AI과학이 유행하는 것은 결코 우연이 아니다. 이는 인간 심리와 행태를 데이터로 환원해 두뇌마저 타자로 남겨놓지 않으려는 욕망의 발로다. 우린 헬스장에서 나와 몸뚱이를 동일시하더니, 컴퓨터 앞에선 나와 두뇌를 동일시한다. 두뇌과학을 알기 위해 전문서적을 탐독할 필요는 없을 것이다. 인터넷이 이미 거대한 두뇌과학이다. 인터넷은 몸의 마지막 저항전선인 두뇌를 뿌리뽑아 대중 전체를 하나의 흐물거리는 디지털 연속체로 변형시키려 한다. 그만큼 우리네 두뇌도 투명한 꿀처럼 변형되어 속내를 다 내비치며, 세상 어떤 말과 생각도 투명하게 전달될 것이라 자만한다. 그만큼 대표도 필요 없다고 으스대며. 하지만 정작 타자를 탐지하고 사유하는 결단력은 잃어가며. 온갖 데이터는 다 기억해도 정작 **몸이라는 근원적 타자**만은 기억해내지 못하는 AI의 편집증적 두뇌를 닮아가며. 개인도 이런 변화를 저항 없이 '팔로우'하고 '좋아요'한다. 나 자신을 타자로 보증해주던 몸으로부터 두뇌를 스스로 뿌리뽑으며.

데이터 주권은 차후의 일이다. 이번 세기, 인간은 두뇌를 양도하지 않고도 **두뇌 주권**을 포기했다. 사유와 결단의 주권을. 독재군주가 없어졌는데도 군중은 두뇌의 주인이 되지 못한다. 그에게는 두뇌가 뿌리내릴 단단한 몸이 없다. 두뇌가 갈아탈 몸만 있을 뿐. 인터넷은 이미 정치적 사태다. "배고픔도 사랑도 모르는 인간은 설령 머릿속에 법률 전문을 다 가지고 있더라도 결코 국가를 세우지 않으리라."[13]

육체 없는 주권이란 없다. 인터넷은 분명 주권을 증명하지만, 이는 육체의 필요성을 소거함을 통해서다. 두뇌 없는 주권도 없다. 인터넷은 분명 두뇌를 증명하지만, 이는 두뇌를 그 지반으로부터 뿌리뽑음을 통해서다.

새로운 독재 형태는 바로 거기, 군중의 두뇌가 송두리째 뿌리뽑힌 공백에서 자라난다. 스스로를 가장 민주적인 AI 두뇌로 참칭하며.

....................

**13** Constantin Frantz, *Die Naturlehre des Staates als Grundlage aller Staatswissenschaft*, Winter Verlag, 1870, Bch.1, chap.IV, p.22.

에리히 프롬은 파시즘이 민주주의 내부에서 자생하는 것이라고 경고했다. 그에 따르면, 인간은 "자신이 보잘것없다"고 느낄수록 이로부터 도피하기 위해 "안정감을 제공해주는 권위에 복종"하는 "자동기계automaton"가 되기를 스스로 선택한다. 이때 대중은 "조각가가 돌에 대해서 가지는 의미 이상의 것이 아니다."[1]

프롬의 진단은 여전히 유효하지만 그 조건이 달라졌다. 대중은 더이상 안정감을 원하지도, 돌처럼 단단하지도 않

----

1　에리히 프롬, 이규호 옮김, 『자유로부터의 도피』, 삼성출판사, 1977, 1장, 27쪽 ; 5장, 150쪽 ; 6장, 162쪽.

다. 반대로 오늘날 사회는 변화만을 충동하는 실리콘 반죽처럼 존재하므로 권력도 다른 모습으로 나타난다. 돌보다 단단한 권위로 민주주의를 때려대던 조각가가 아니라, 민주주의를 주물럭거리는 느물느물한 성형중독자의 모습으로.

이 시대의 민주주의는 **사회의 무한한 변형**만을 추구한다는 점에서 과거 성장주의 모델과 구분된다. 민주정의 고유한 가치들(다원주의·권력분립·대의제·견제와 타협…)은 여전히 묵살되지만, 이는 사회 전체를 성형하려는 충동 때문이지 결코 '경제성장'과 같은 특정 지향점이 있기 때문은 아니다. 잘 돌아가던 조직과 제도까지 묻지도 따지지도 않고 뜯어고치는 '묻지마 개혁'이 일상화되고 합의 절차는 무시된다. 뚜렷한 목표도 근거도 없는 저질의 혁신정책들이 즉흥적으로 나왔다가 하루 만에 철회되며 행정은 들쭉날쭉해진다. 무엇보다 모든 변형은 잘 보여야 한다. 전시행정이 난무하며 정책 홍보에 몰두한다. 성형시대의 민주주의는 노출증자다. 그에겐 보이는 게 전부다.

사회의 국부적 마비는 필연적이지만, 이는 오류가 아니

라 성형 과정의 합법적인 일부가 된다. 2022년 새로 들어선 윤석열 정부는 느닷없이 대통령 집무실을 이전한다고 선언했다. 500억이면 된다고 둘러댔으나 1조 원이네 2조 원이네 예산 논쟁이 벌어지며 국정은 마비되었다. 2024년 정부는 의료개혁을 한답시고 의대 증원을 기습 발표했다. 의료계의 반발로 전국의 병원들이 마비되었다. 2022년에는 캄보디아 아세안 정상회의에 참석한 영부인이 빈민촌을 찾아가 찍은 사진 때문에 언론이 마비되었다. 소말리아 구호활동을 하는 오드리 헵번의 유명한 사진을 그대로 Ctrl+C/V 한 사진이었다. 다른 점이 있다면, 영부인의 보톡스 맞은 얼굴이 빈민촌 소년의 까만 피부와 대비되어 유난히 매끄럽고 탄력 있게 빛나고 있었다는 점이다.

보톡스는 생화학전에도 쓰이던 '보툴리눔'이라는 독성물질에서 유래했는데 그 작동 원리는 마비에 있다. 보톡스가 신경전달물질인 아세틸콜린의 분비를 억제해 근육을 마비시키면, 움직이지 못하게 된 근육은 자연히 위축되면서 피부 주름이 펴지게 된다. 프롬은 퇴행적 민주주의가 사회구성 부분들의 판단능력과 행동능력을 "마비"시킬 것이라고 말한다.[2] 오늘날도 예외는 아닐 것이다. 충동의 종류가 달라졌을 뿐. 성형시대의 민주주의는 사회의 성형 이외에는 아무런 목표도 지향점도 가지지 않으며, 사회의 국부적 마비를 그 성형 과정의 일부로 삼는 '보톡스 민주주의'다. 그에겐 쿠데타조차 성형수술의 일환이 된다.

보톡스 민주주의는 홍보에 매달리는 경향이 있다. 그러나 과거 독재정권처럼 언론을 탄압하는 방식이 아닌, 어르고 달래서 여론을 조작하는 방식이다. 특정 언론사에 특혜를 준다거나, 방송통신위원회 이사진을 입맛대로 교체하는 식이다. 언론은 사소한 사회 변화도 속보라며 떠들어대는 성형외과 광고팝업처럼 전락한다.

보톡스 민주주의는 인터넷을 환영한다. 인터넷이야말로 여론을 성형하기 좋은 곳이기 때문이다. 과거 권력은 진실을 은폐했다. 반면 보톡스 민주주의는 은폐하기는커녕 가십성 정보들을 더 많이 공급하여 "진실을 흐리고" "뒤섞어서" "판단을 마비"시킨다.[3] 보톡스 민주주의는 진실 공방도

........................

2    같은 책, 7장, 179쪽

경멸하지만 가짜뉴스도 경멸한다. 보톡스 민주주의가 사랑하는 것은 가짜가 아니라, 진짜와 가짜가 뒤섞이는 것이다. 그래야 대중의 두뇌가 마비된다.

보톡스 민주주의는 우경화되는 경향이 있지만 그렇다고 보수는 아니다. 보수는 안보를 최고의 가치로 여긴다. 그런데 보톡스 민주주의는 멀쩡하던 것까지 억지로 뜯어고치려다가 안보마저 마비시킨다. 실제로 2022년 윤석열 정부의 대통령 집무실 이전은 국방부까지 밀어내며 이루어졌고, 얼마 뒤에는 북한 드론에 의해 방공망이 뚫렸다. 미군기지에선 대통령실을 도청했다. 졸속 이전하다가 보안시스템이 마비된 결과였다. 50년을 철통 요새였던 청와대는 관광상품으로 전락한다. 보톡스 민주주의는 **BDD 민주주의**다. 멀쩡하던 것까지 뜯어고치고 전시하려다 스스로 무장해제한다.

보톡스 민주주의는 법에 천착하는 경향을 지닌다. 하지만 이는 그가 법치주의를 사랑해서가 아니라, 법이 변형에

..........................

3  이광석, 『데이터 사회 비판』, 책읽는수요일, 2017, 4장, 100~101쪽. 강조는 인용자.

방해되는 조직을 제거하는 메스나 지방용해주사 노릇을 해주기 때문이다. 일반적으로 보톡스 민주주의는 **모든 단단한 조직을 경멸한다.** 변형에 방해되기 때문이다. 그래서 정적은 '사법 리스크'로, 반대세력은 '불법 카르텔'로 낙인찍어 도려내고 와해시켜버린다. 물론 법의 잣대는 단단하지 않다. 엿가락처럼 늘었다 줄었다 하며 남에게는 한없이 엄격하고 자신에게는 한없이 관대하다. 공정은 법비法匪들의 공정함이 되며, 사법기관은 사회의 셀룰라이트를 속속들이 파헤쳐 제거해주는 속물 성형외과 의사 역할이거나, 그게 아니라면 성형을 묵인해주는 게으른 판관으로 전락한다.

보톡스 민주주의는 끔찍한 법실증주의자이고 교활한 켈젠주의자다. 그에게 변형은 옳아서 하는 것도, 틀려서 못 하는 것도 아니다. 변형은 그저 법대로 하는 것이다. 법의 배후에는 아무도 없다. "법이 곧 국가다."[4] "나는 조직에 충성하지 사람에 충성하지 않는다." 그러니, **불법만 아니면 다 뜯**

어고쳐도 된다.

최장집은 이념 대립이 문제가 아니라 그것이 은폐하는 "정당의 허약함"[5]이 문제라고 일갈했으나, 엄밀히 말해 보톡스 민주주의에서 정당은 허약한 것이 아니라 물렁해진다. 거기선 어떤 단단한 이념마저 녹아 허물어지며, 이념의 대립이 아니라 이념을 뒤섞는 게 새로운 정당 관리방식이 된다. 여당 떼어 야당에 붙이기도 하고 야당 떼어 여당에 붙이기도 하며, 아무나 대표로 세워놓고 이리 붙었다 저리 붙었다 한다. 신념의 정치가 퇴보하며, 순간순간 영합했다 흩어지는 계파정치가 경합적 다원주의를 대체한다. 의회는 마비된다. 그래도 된다. 불법은 아니다.

보톡스 민주주의에는 이념도 없지만 수치심도 없다. 성형 중독자가 그러하듯, 수치스러운 변형이란 없다. 정치는 뻔뻔해지고 파렴치해진다. 2023년 수년간 추진되어오던 양평 고속도로가 대놓고 휘어져버렸다. 국토마저 성형된 것이다. 그

.........................

**5**　최장집, 『민주화 이후의 민주주의』, 후마니타스, 2002, 3부 5장, 150쪽. "최대 균열은 대표된 정당체제와 대표되지 않는 사회 사이의 균열이다"(1부 1장, 32쪽).

이해관계의 중심에 영부인이 있다는 의혹으로 여론이 들끓었으나 검증은 잠시뿐이다. 다른 뉴스들이 이슈를 밀어내자마자 대통령 윤석열은 당당히 기자회견을 한다. "반개혁 저항에 물러서면 나라의 미래는 없다." 보톡스 민주주의는 **수치심 없는 관종 민주주의다.** 거기서 정치는 어떤 변형도 부끄러움 없이 전시하는 파렴치한 관종질처럼 나타난다. 영부인 본인은 별다른 해명 없이 여전히 빈민촌을 찾아다니며 사진 촬영중이다. 그래도 된다. 관종이 불법은 아니다.

보톡스 민주주의에선 정치혐오가 만연한다. 정치는 으레 단단한 조직을 만들어내기 때문이다. 그래서 국회는 가장 혐오의 대상이 된다. 보톡스 민주주의의 행정부가 당당하게 거부권을 남발하는 이유다. 그의 눈에는 입법부 전체가 불법 카르텔처럼 보인다. 아울러 그는 "불평등을 인정의 문제로 축소"[6]하며, 대중을 갈라치고 온갖 혐오(여성·외국인·장애인…)를 조장하는 정책 개발에 몰두한다. 혐오의 대상

......................

6　홍찬숙, 『젠더 갈라치기 정치』, 세창출판사, 2025, 14장, 245쪽. "혐오는 관념론적인 정치 형태다"(251쪽).

이 많아질수록 수술할 일이 많아지기 때문이다. 그래도 된다. 혐오가 불법은 아니다.

보톡스 민주주의의 궁극적 효과는 **삼권분립의 마비**에 있다. 보톡스 민주주의는 행정부를 사회성형의 설계자 및 집행자로, 사법부를 그 메스로, 입법부를 도려내야 할 혐오조직으로 변질시켜, 각 기관들 사이에서 장장 300년을 면면히 흘러오던 '권력의 견제와 균형'이라는 민주정 고유의 아세틸콜린을 마비시킨다. 정치체는 보톡스를 너무 맞아 해괴망측한 표정만을 짓는 인조인간의 얼굴처럼 된다. 그래도 된다. 성형중독이 불법은 아니다.

과거 민주주의가 성장에 미쳐 있었다면, 이번 세기의 민주주의는 성형에 미쳐 있다. 엄밀히 말해, 보톡스 민주주의는 민주주의에 반대하지 않는다. 보톡스 민주주의는 민주주의를 수술하고 뜯어고치다가 결국 절단낸다dismember. Member Yuji는 불가하다.

극단의 경우, 외교조차 성형의 대상이 된다. 2023년 윤석열 정부는 해괴한 외교정책을 펼쳤다. 별 실익이 없는데도 일본과의 정상회담을 구걸하며 '강제동원 피해자 제3자 변

제'라는 엉뚱한 해법을 먼저 제시한다. 대뜸 우크라이나를
지원하며 러시아와 북한을 자극하기도 하고, 중동을 방문
해서 "UAE의 적은 이란"이라며 도발하기도 한다. 별 이해
관계도 없는 남중국해 문제에 뜬금없이 훈수를 두다가 우
방국마저 등을 돌린다. 그저 아는 척 나대려는 게 아니다.
그것은 국제관계까지도 성형하려는 욕망의 헛발질이다. 실
익도 없이 손해만 내는 외교에 사람들이 어리둥절해하자
유시민은 "국익 외교가 아니라 정체성 외교"라고 평론했는
데, 정확한 분석이다. 보톡스 민주주의는 **나르시시즘 민주주
의**다. 보톡스 민주주의는 "조각상"과 같은 "단단함Festigkeit
이 국가의 본질"이라는 전통 국가론을 비웃으며, 국가를 하
나의 물렁한 육체로 망상하고 끊임없이 성형해가며 주변국
들은 자신을 바라보는 관객이 되어주기를 바란다. 그에게
외교란 "국민을 감싸 보호하던 단단한 껍질Gehäuse"[7]을 스

........................

7   Constantin Frantz, *Vorschule zur Physiologie der Staaten*, Schneider,
    1857, chap.I, p.7 ; *Die Naturlehre des Staates als Grundlage aller
    Staatswissenschaft*, Winter Verlag, 1870, Bch.1, chap.III, p.19 ; chap.
    V, p.28.

스로 무장해제하고 국가의 Before-After를 과시하는 행위로서, 차라리 헬스장에서 인바디를 체크하거나 SNS에 #오운완 바디프로필을 포스팅하는 행위와도 같다. '좋아요'하는 국가는 동맹이고 '싫어요'하는 국가는 적국이다. 국민은 '팔로워'다.

보톡스 민주주의는 편집증적인 정치를 낳는다. 아무리 박식한 국회의원이건, 아무리 똑똑한 서울대 출신 관료건 상관없다. 나르시시즘적 망상회로의 하위기관으로서 그들의 활동과 감각은 현실과 점점 분리되며, 결국 **정치는 망상의 경쟁이 된다**. 대통령 집무실을 옮기면 국민 소통이 더 잘된다느니, 노량진 시장의 수조물을 퍼먹더니 후쿠시마 오염수는 안전하다느니, 항문 조이는 운동을 하면 저출산이 극복된다느니, 계엄으로 계몽되었다느니 하는 초현실적인 육체의 해석들이 난무하는 것은 이 때문이다. 보톡스 민주주의에서 정치는 현실 인지장애를 반드시 동반한다. 물론 그래도 된다. 편집증이 불법은 아니다.

충분히 무르익은 보톡스 민주주의는 **사회 전체를 하나의 가상육체로 환각**하는 지경에 이른다. 만약 그가 국민건강을 걱정한다면 그건 허울이다. 건강은 단단함의 속성으로서, 사회성형의 망상에 방해된다면 그마저도 내팽개칠 테니까. 이를 잘 보여주는 사태가 2024년 '의료대란'이다. 당시 윤석열 정부가 뚜렷한 근거도 없이 의과대학 정원 증원을 강행하자 의료 파업이 일어나며 의료체계 전반이 와해되었다. 허겁지겁 군의관들을 떼다 붙여봤지만 소용없다. 중환자들의 수술이 지연되고 응급실 뺑뺑이가 시작된다. 4개월 영아가 응급실 11곳을 돌다가 사망하기도 한다. 그런데도 대통령 윤석열은 기자회견에서 다음처럼 말한다. "응급실 가보세요. 잘 돌아가고 있습니다." 잘 돌아가고 있는 것은 현실이 아니라 그의 머릿속 망상이다. 현실적 육체의 건강이 아니라, 그의 두뇌 속에서 국가와 일치하고 있는 가상육체의 변형이다. 과거의 파시즘도 국민보건은 신경썼다. 그러나 이번 세기, 사회의 성형은 사회의 건강보다 우선한다.

보톡스 민주주의에서 선거란 완전히 다른 차원이다. 거기선 정치 경력이나 공약 따위는 선출의 기준이 되지 못한다. 사회성형에의 충동이 왕성해 보이고, 국가를 가상육체로 환각하는 망상능력이 출중해 보이는 누구라도, 정말이지 아무라도 리더로 선출된다. 물론 그는 자신부터 가상육체로 망상할 줄 알아야 한다. 실제로 2022년 대선에서 윤석열은 자신을 AI로 둔갑시켜서 캠페인을 했다. AI 윤석열이 말하길, "현 정부조직이 너무 뚱뚱"하니 "디지털 플랫폼 정부로 슬림하게 만들겠다." 저런 공약이 얼마나 무식하고 허황된 것인지는 그리 중요치 않다. 보톡스 민주주의에서 유권자의 마음을 움직이는 것은 이 사회를 비만 환자로 진단하고 셀룰라이트는 전부 도려내고 얼굴이고 몸통이고 모두 뜯어고치겠다는 원대한 망상이자 충동이며, 행여 선거에서 패하더라도 부정선거라고 환각할 줄 아는 편집증적 배짱이다. 윤석열은 당선되었고, 2년 뒤 의료대란의 리더가 된다. 더이상 무식과 무지는 리더의 결격사유가 아니다. 오히려 사회의 성형밖에 모르는 성형 바보만이 보톡스 민주주의의 통치자가 된다. 바보가 불법은 아니다.

보톡스 민주주의의 통치자가 사익을 탐한다는 통념은 틀린 것이다. 그의 편집증적 망상에 현실감각이 결여되어 협잡꾼과 브로커들, 사이비 무당들이 꼬이는 것이지, 결코 그가 금전을 탐내서가 아니다. 성형 바보는 바보지 도둑이 아니다. 도둑에겐 꽤나 현실감각이 있다.

보톡스 민주주의는 대의제 자체를 변질시킨다. 그것은 대표를 대행으로 대체한다. **대행은 대표가 아니다.** 대표repre-sentative는 Re-의 술어로서 단단함의 패러다임에 속한다. 여기서 대표자는 피대표자와 타자 대 타자의 관계로서, 선출된 뒤에도 끊임없이 견제되고 비판되는 저항적 관계를 유지한다. 반면 대행agent은 본질적으로 Trans-의 패러다임에 속한다. 여기서 대표자는 피대표자를 재현re-하기는커녕 변형감각을 전이trans-하는 **무저항적 관계** 속에 있다. 그가 어떤 여론과 시선에도 한줌의 저항감도 부끄럼도 없이 당당한 이유다.

보톡스 민주주의의 통치자는 한스 켈젠이 꿈꾸던 AI 대법관이다. 다른 점이 있다면, 켈젠이 자유주의를 수호하기 위해 대표를 "허구Fiktion"로 폐위시켰다면, 보톡스 민주주의는 그 허구를 대표로 다시 추대한다는 것이다. 실정법상 국민은 "의지가 없는 어린이나 정신이상자"[8]와 같으므로 대표될 수 없다는 저 유명한 논증까지 갈 것도 없다. 보톡스 민주주의에선 대표자가 먼저 정신이상자다. 그는 자신을 법밖에 모르는 공평무사한 AI 두뇌로, 전 국민과 국토는 그 가상육체로 환각하는 21세기형 망상장애 켈젠주의자로서, **법대로만 하면 온 세상이 기꺼이 변형되리라는 망상** 속에서 국가 전체를 한 명의 성형괴물로 만들려고 한다. 성형부작용을 비판하는 저항세력은 반국가적인 불법 카르텔로 매도하며, 국민의 고통과 아우성은 가짜뉴스라고 망상하며.

문지마 국가 성형에 모든 협의기구가 마비되고, 망상의 경쟁이 신념의 정치를 학살하고, 관료들은 전시행정의 납굴증적 마네킹이 되어가고, 사법기관은 권력의 로펌으로, 언론은 망상의 홍보기지로 전락하며, 4개월 된 영아가 응급실을 찾지 못해 앰뷸런스 안에서 싸늘한 주검으로 변해가도 교활한 켈젠주의자로서 보톡스 민주정의 통치자는 다음처럼 큰소리칠 것이다. "국가의 의지는 인간의 의지와는 본질적으로 다른 것이다." 선거날만 두뇌가 돌아가는 "국민은 선거에 의해 표현되는 의사 외에 아무런 의사 표시도 할 수

........................

8    한스 켈젠, 『일반국가학』, 8장 43절, 442쪽. 켈젠은 파시즘의 출현을 경계했고, 그래서 대표의 탈인격화를 극약처방했다(448쪽). 그는 아예 "단단함(Solidarität)" 자체가 허구라고 진단한다(2장 7절, 61쪽).

없고" 국가의 두뇌인 나는 1년 365일 "국민으로부터 독립" 되어 있기 때문이다. 구닥다리 유기체론을 들이대봤자 소용없다. 어떤 몸에도 뿌리내리지 않아서 그 누구의 고통과 비명도 들리지 않는 나는 "국민의 의사기관Willensorgan이 아니라 국가의 기관Organ des Staates일 뿐이다."[9] 그러니, 선거로 뽑아놓았다면 아닥하고 변형해라.

요컨대 보톡스 민주주의는 대표와 피대표의 관계를 BJ와 팔로워의 관계로 바꿔놓는다. BJ는 누구도 대표하지 않는다. 온 우주의 변형충동을 대행할 뿐. 견제되거나 탄핵되지도 않는다. '팔로우'되고 '언팔'될 뿐. BJ는 말과 행동의 일관성도 필요 없다. 그는 애당초 단일한 인격이 아니다. "마네킹? 사이보그?" 혹은 아바타? 누구에게도 저항을 받지 않으므로 변형을 위해서라면 매번 말을 바꾸고, 매번 "체외이탈"을 하는 **근본 없는 두뇌**인 그에게 단일 인격이 뿌리내릴 그만의 "몸이 없다."[10] 보톡스 민주주의의 통치자도 쉽사리 탄핵되지는 않을 것이다. 스스로 불법을 자행하기 전까지는.

.........................

9    같은 책, 8장 43절, 442쪽, 445쪽, 446쪽.

불법이면 또 어떠랴. 헌법까지 성형하면 그만이다.

프롬의 경고대로다. 성형시대의 민주주의도 반드시 파시즘을 배태한다. 단, 이전과는 전혀 다른 방식으로. 지난 세기의 권위주의적 파시즘은 조직폭력배나 무장강도와 같았다. 무력으로 헌법기관을 억압했다re-. 반면 이번 세기의 파시즘은 스토커나 가스라이터와 같다. 총칼로 억압하기는커녕 스멀스멀 들러붙다가 메스로 헌법기관을 제멋대로 성형한다trans-.

대중 동원방식도 다르다. 지난 세기의 파시즘이 단단한 군중을 조직했다면, 이번 세기의 파시즘은 물렁한 군중을 조형해낸다. 전자의 경우 개개인은 하나의 상징 아래 통일되어 한 방향으로 나아가는 경직된 "기계장치의 일부"[11]가 되지만, 후자의 경우에 그런 통일이란 없다. 외려 분열할수록 불어나는 네트워킹이 쉽게 군중을 창출하며, 개개인은

.........................

10  정희진, 『낯선 시선』, 교양인, 2017, 89쪽, 91쪽. 보톡스 통치자의 신체 분석 부분. "그는 대화중 맘대로 자리를 떠나 돌아다니다 다른 사람이 되어 나타난다. 자기 책임을 남 일처럼 말하고 비판하고 문책한다"(90쪽).

11  에리히 프롬, 『자유로부터의 도피』, 7장, 181쪽.

형태도 방향도 없이 늘어나는 흐물흐물한 가상육체의 일부가 된다. 딱히 저항할 외부도 없이, 현실감의 부재만을 과시하며. 이 차이는 심오한 것이다. 강박증과 편집증, 조각상과 바디프로필, 하켄크로이츠와 '좋아요', 아우슈비츠와 N번방의 차이만큼 전혀 다른 패러다임이다.

국민·국회·국무위원·사법부·헌법재판소·선관위… 모든 헌법기관을 자신의 신체기관으로 환각하며, 머리는 AI 두뇌로 이루어진 새로운 천황기관설天皇機關說 모델이 이번 세기 민주주의를 지배하리라. 국가기관들을 제 살처럼 이 모양 저 모양으로 변형하고 조작하다가 맘에 들지 않으면 멋대로 절단해버리는 **성형중독 리바이어던**. 파시즘은 확실히 미학적 체제다.[12]

칸토로비치가 염려했던 신학적 육체의 세속화는 현대 민주주의에서 비로소 실현된다. 국민들이 아무리 변형되어

......................

**12** 물론 지난 세기의 독재에도 정치성형의 측면이 있었다. 대표적인 것이 박정희 군부의 '정치활동 정화법'(1962)과 '유신헌법'(1972)이다. 하지만 그 집행 방식은 여전히 무력이었고, 경제성장이라는 뚜렷한 지향점도 가지고 있었다. 제3~5공화국은 성장중독이지 성형중독이 아니다.

죽어나가도 국가만은 불멸의 "가상육체corpus fictum"로, 자기 자신은 AI로 환각하는 "영험한 머리spiritual head"[13]가 이제 선출직 공무원이다. 정확히 윤석열이 그랬다.

정치가 주술화되는 경향은 이런 패러다임 전환의 징후다. 보톡스 민주주의에서 통치자는 누구도 대표하지 않는 **지시 대상이 없는 순수한 표상**으로 나타난다. 마치 실체 없는 딥페이크 아바타가 온 나라를 통치하는 것처럼. 합리성의 두뇌로 이를 이해하기란 불가능하다. 주술과 무속은 그래서 소환된다. 이와 함께 정치적 행동도 점점 소실되어간다. 메를로퐁티는 목표한 대상을 잡거나 그릴 수 없는 실행증apraxie을 분석했다. 그에 따르면, 실행증 환자는 대상을 머릿속에 표상하지 못해서가 아니라, 반대로 표상만 보전하므로 행동을 잃는다. 실행증 환자에게 결핍된 것은 사물의 표상이 아니라 "표상 없이도 사물을 겨냥하는" 신체의 "근원적 지향성"이다.[14]

....................

**13**  Ernst H. Kantorowicz, *The King's Two Bodies*, Princeton University Press, 1957, chap.V, p.267, p.269.

그러니까, 보톡스 민주주의는 통치자를, 그가 전이되는 세계 전체를 그 변형 외엔 아무것도 지시하지 않는 순수한 표상으로 나타나게 하여, 유권자 모두를 더이상 행동하지 못하는 실행증 환자로 만든다. 지향될 게 없으니 행동할 것도 없다. '정치하는 놈들은 다 똑같다'는 식의 양비론과 냉소주의는 정치실행증의 대표적 효과다. 냉소는 예속을 촉진한다. 보톡스 민주주의가 궁극적으로 마비시키려는 것은 민주주의 주권자들의 행동 자체다. 보톡스 민주주의는 **실행증 민주주의다.**

육체 없는 민주주의란 있을 수 없다. 민주주의는 타자들의 모임이고 저항성의 질서다. 그래서 정치란 타자를 결단해내고 결속해내는 행동인 것이다. 그런데 보톡스 민주주의는 그런 행동도, 타자도, 결단도 결속도 싫다. 모두 단단함의 패러다임에 속하는 일로서 변형을 방해하는 것처럼 느껴지기 때문이다. 그래서 그는 육체의 행동은 마비시키

14  모리스 메를로퐁티, 류의근 옮김, 『지각의 현상학』, 문학과지성사, 2002, 1부 3장, 222쪽, 220쪽. "실행증 환자의 팔에 대하여 대상들은 존재하지 않는다."

고, 정치체의 결단은 끊임없이 지연시켜 민주주의 안에는 어떤 육체도 없었던 것처럼, 심지어 통치자의 육체도 애초부터 없었던 것처럼 만들려고 한다. 민주주의의 영혼인 **단단한 저항성**이란 애당초 존재하지 않았던 것처럼. 보톡스 민주주의는 뼛속부터 반反정치주의자다. 그는 단단함의 아우슈비츠를 꿈꾼다.

최악의 경우, 보톡스 민주주의는 정치 자체를 도려내야 할 살로 인지하는 백주발검 파시스트가 된다. 2024년 12월 3일, 윤석열 정부는 뜬금없이 비상계엄을 선포했다. "국회가 범죄자 집단의 소굴"이라는 이유에서였다. 어이없는 이유만큼이나 계엄군이 국회에 늦게 도착하고 시민들에게 가로막히는 등 어이없게 허술했기에 쿠데타는 6시간 만에 진압되었지만, 포고령에는 다음처럼 적혀 있었다. "일체의 정치활동을 금지한다. 위반자는 처단한다." 즉 단단하면 다 도려내 버리겠다…….

2025년 윤석열은 체포되었고, 새 정부가 들어섰다. 그러나 지난밤이 잠깐의 해프닝이 되지는 않는다. 우리가 정치를 혐오하고 혐오하다가 그마저도 성형미학으로 대신하려하고, BDD 환자를 통치자로 추대해놓고서 쿠데타마저 국가 성형의 일환이라고 찬미해댈 때, 그러나 정작 생각하고 결단하는 **육체 본연의 두뇌 주권과 행동 주권**을 우리 스스로가 포기할 때면, 보톡스 민주주의는 언제라도 다시 돌아온다. 민주주의의 스토커가 되어서. 민주정의 구성요소들을 제 수족처럼 부려보다가 맘에 들지 않으면 제멋대로 절단하는 민주주의의 가스라이터가 되어서. 아마도 그땐 독재조차 불법이 아니게 될 것이다.

"세상이 달라졌다고 믿어버리는 꼭 그만큼씩 그들은 자란다. 우리 머릿속에서 우리 가슴속에서."[15] 즉 우리 몸속에서.

................................

15 김진숙, 『소금꽃나무』, 후마니타스, 2007, 32쪽.

오늘날 뷰티는 대중예술이다. 단, 그것은 나르시시즘의 예술이다. 이제 몸을 가진 누구나가 근육과 지방을 깎아내는 예술가가 되고, 몸 각자는 걸어다니는 예술작품이 되어가지만 거기엔 온통 나, 나, 나뿐이다. 심지어 몸이 나다.

나르시시즘의 미학이 불러온 결과는 끔찍하다. 그것은 몸으로부터 **저항성을 없앤다**. 몸은 저항 없는 재료가 되어 개인이 마음대로 조작할 수 있는 사유물이 되어간다. 떼고 붙이는 미학이 삶의 기술을 참칭하며 사랑마저 멋대로 떼고 붙는 기술로 전락하고, 국가도 성형괴물이 되어 사회 각 조직을 제멋대로 떼고 붙이며 그런 무저항성만을 아름답다고 자축한다. 안보와 의료 같은 공공영역은 와해된다. 행복은 내 건강, 내 안전의 문제로 민영화된다. 신체 다양성이 소멸하며 차별이 도덕 행세를 한다. 헌법기관까지 성형하려다 쿠데타가 일어난다. 이제 몸속뿐만 아니라 사회 어디에도 단단한 타자란 남아 있지 않다. 이번 세기, 타자는 멸종했다.

극단의 경우, 자아와 타자 간의 저항감각마저 퇴화된다. 타인조차 몸의 성형 가능한 일부로 환각되는 신경계 교란이 야기되며, 이는 아름다움은커녕 편집망상증 같은 병리현상과 스토킹, 인터넷 성착취, 묻지마 범죄 같은 무차별 테러의 조건이 된다.

이번 세기, 뷰티는 재난이다. 과거 재난은 적어도 타자의 난입(자연재해·산업재해…)에 의한 재난이었다. 반면 이번 세기 미학적 재난은 타자 상실에 의한 재난, 즉 저항감의 상실이 초래하는 재난이다. 스토커와 N번방 성범죄자들도 자신들의 사랑이 아름다우며, 자신들이 창조한 무저항의 육신들이야말로 예술작품이라고 생각할 것이다. 그들은 타인조차 자기 신체에 속하는 보형물처럼 느낀다. 그들에게 세계는 부대껴야 할 단단한 타자로 감지되지 않는다. 그들에게 "세계는 스며드는 무엇으로 감지된다. 이미 피와 뼈에 섞여 있는 신체의 부분이며 호르몬에, 세포에, 체액에 용해된 끈적끈적한 유동체 같은 것"으로.[1] 그래서 멋대로 붙였다가 멋대로 잘라낸다. 나쁜 예술가가 제멋대로 붓을 놀리고 제멋대로 반죽을 떼고 붙이듯.

메를로퐁티는 진정한 예술가는 "자기 몸을 세계에 빌려준다"고 말한다. 그에 따르면, 예술은 단순히 대상을 재현하거나 조작하는 것이 아니다. 좋은 예술가는 대상을 조작하기는커녕 "그가 보고 있는 것에 내속하여inhérent" "그를 따라 보고, 그와 함께 본다." 그의 붓놀림은 대상이 스스로 느끼는 바를 따라 붓을 옮기는 것에 불과하다. 그러니까, 좋은 예술가는 대상들에게 "묻는다." 그들이 스스로 존재하기 위해 분투하는 바를. 그리고 그 응답을 차분히 기다리다가 아무리 불투명하고 모호한 메아리일지라도 "환영한다."[2]

나르시시즘은 나쁜 예술이다. 무엇을 보고 겪어도 자기 자신만을 그려내기 때문이다. 교양이나 학식이 부족해서가 아니다. 저항감을 잃은 육체는 나쁜 예술가일 수밖에 없다. 함께할 대상이 오직 자신뿐이다. 저항 없는 예술은 예술이 아니다.

처음부터 이랬던 것은 아니다. 메를로퐁티에 따르면, 어떤 몸도 태생적으로 훌륭한 예술가다. 당신이 예술업계 종사자인지 아닌지와 전혀 상관없이 말이다. 가령 한 대상을 바라볼 때 몸은 당신이 의식하기도 전에 이미 주변 사물들과 조응하며 반향하고 있다. 아무리 대상의 한 측면만 보일지라도 손을 움직여서 그 반대면을 만져볼 수 있고, 그게 아니어도 주변 사물과의 연계 속에서 반대면을 충분히 느낀다는 점에서 그렇다. 몸은 의식 이전에 이미 그의 공동 "관찰자"들과 함께 보고 묻고 탐색하며, 대상의 보이지 않는 내부까지 그려내고 있는 것이다. "대상을 본다는 것은 **그에게 잠긴다는 것**s'enfoncer"이자 "**그에게 머무른다는 것**l'habiter"이다.[3]

1 김홍중, 『은둔기계』, 문학동네, 2020, 3부, 228쪽. 강조는 인용자. 김홍중은 재난이 타자들의 원초적 연대를 드러내준다고 말한다. "코알라와 북극곰은 연결되어 있다. 재난과 파국의 연쇄 속에서 우리가 깨달아가고 있는 것이 '모든 것의 모든 것과의 분리불가능성'이다."

2 Maurice Merleau-Ponty, *L'Œil et l'Esprit*(1961), Gallimard, 1964, p.16, p.19, p.23, p.29, p.22.

물론 나쁜 예술가도 본다. 그러나 차이가 있다. 나쁜 예술가는 대상을 시선regard으로 본다. "시선은 지배한다." 시선은 거머쥐는 손을 닮았다. 거머쥘 수 있으니 떼고 붙일 수도 있다. "시선은 인간을 마네킹으로 변형시킨다." 반면 좋은 예술가는 대상을 만지는 것처럼 본다. 시선과 달리, 그런 봄vision은 어루만지는 손을 닮았다. 거머쥐는 대신 쓰다듬고, 떼고 붙이는 대신 토닥거리며, 함께 맥동을 들으며 **촉지**palpation한다. "보이는 것에게 질문하는 기술은 무엇인가? 아마도 촉지에서 해답을 찾을 수 있을 것이다. 손은 그가 만지는 사물들 사이에 터를 잡고, 손도 그 일부가 되는 촉각적 존재être tangible에게로 열린다. 봄도 이와 다르지 않다." "본다는 것은 시선에 의한 만짐이다."[4]

물렁함의 패러다임이 궁극적으로 퇴화시키려는 감각이 촉각이다. **촉각은 물체 본연의 저항성을 복구**해내며, 몸에게

<hr>


**3**  모리스 메를로퐁티, 류의근 옮김, 『지각의 현상학』, 문학과지성사, 2002, 1부 서론, 124~125쪽. 대상-지평 부분. 강조는 인용자.

**4**  Maurice Merleau-Ponty, *Le Visible et l'Invisible*, Gallimard, 1964, p.109, pp.175~176, p.177.

타자가 저 밖에 있음을 알려주기 때문이다. 물렁함의 패러다임이 진화해온 역사는 '촉각 말살정책'이었다고 말할 수 있다. 실제로 그것은 인간의 촉각기관을 퇴화시키려고 부단히 노력해왔으며, 육체를 촉각 없이도 향유될 수 있는 전시물로 만드는 데 몰두해왔다. 가상육체는 그래서 유행한다. 가상육체는 모니터 속에만 있는 게 아니다. 현대의 모든 뷰티기술은 이미 육체의 가상화다. 그것은 탐색될 내면의 깊이를 소거하여 육체를 만질 필요도 없는 전시물로 만들어버린다. 그래서 가상이다.

SNS에 진열되는 가상육체들은 모니터 속에 있기 때문에 만지지 못하는 것이 아니다. 그와 함께 살아낼 시간이 내 두뇌 속에서 모두 완료되었기에 만질 필요가 없는 것이다. 마찬가지로 오프라인의 매끄럽게 조형된 육체는 만지면 성추행이 되기 때문에 만지지 못하는 것이 아니다. 그와 함께 만들어갈 역사가 그의 몸속에서 모두 완료되었기에 만질 필요가 없는 것이다.

특히 인터넷은 촉지각 학살기계다. 인터넷은 인간관계를 네트워크로 대체하여 몸으로부터 접촉의 가능성을 박탈한다. 인터넷에서는 몸들 간의 접촉은 두뇌들 간의 접속으로 대체되며, 지난 세기 타자와 타자가 마주칠 때 동원해야 했던 모든 촉각기관과 촉지활동은 손가락을 까닥하는 클릭질로 축소된다. 이제 누군가와 마주치기 위해 어떤 촉지각도, 거리감각도, 그를 수행하던 손발과 피부도, 얼굴도, 아예 몸이 필요하질 않다. 마우스와 손가락만 있으면 된다. 오프라인에서 시선이 촉각을 대행하는 것처럼, 온라인에선 하이퍼링크가 촉각을 대행한다. '좋아요'와 '팔로우'가 모든 접촉의 기술을 대신한다. 아무리 실감나는 VR이나 아무리 정교한 햅틱 인터페이스가 개발되어도 상황은 마찬가지다. 인터넷은 본질적으로 촉각기관들이 절단된 두뇌들 간의 접속이다. 접속은 접촉이 아니다. 터치스크린은 터치가 아니다. 촉각의 멸망만이 인터넷의 제일 목표다. 인터넷은 인류를 햅틱 인지장애 환자로 만든다.

포스트휴먼 미학이 아무리 찬미해봤자 AI는 예술가가 될수 없다. AI에게는 타자를 감촉할 피부가, 그를 환영할 얼굴이, 그에게 잠겨들 몸이 없다. AI는 세계를 데이터로 인식할수 있을 뿐이다. 데이터는 만져지지 않는다. 만질 줄 모르는 예술가는 예술가가 아니다. 터치 없는 예술은 예술이 아니다. "세계를 낯설게 인지하지 못하는 자는 세계를 전혀 인지하지 못한다."[5]

사르트르는 촉지의 경험으로 "애무caresse"를 말한다. 그에 따르면, 육체는 두뇌가 먼저 의식하는 것이 아니다. 육체는 다른 육체와의 성실한 감촉에 의해서만 비로소 의식된다. 애무는 나와 타인을 "육체가 되게 한다."[6] 레비나스는 더 나아간다. 애무되는 대상은 결코 소유되거나 지배되는 것이 아니다. 그는 애무할수록 저항하며 "물러선다." 애무는 소유욕과는 아무 상관이 없다. 애무는 "탐색"이다. 쓰다듬고 토닥인다는 것은 대상을 거머쥘 수 없는 타자로 인정하며, 그의 영원히 고갈되지 않을 **"타자성의 깊이**profondeur d'altérité**를 탐험"**하는 일이다. 사르트르에게 애무가 타자의 육체화였다면, 레비나스에게 애무란 육체의 타자화다. 애무에 의해 타자는 "자신의 신비를 상실하지 않고, 베일을 벗지

---

5 테오도르 아도르노, 홍승용 옮김, 『미학이론』, 문학과지성사, 1984, 288쪽.

6 장폴 사르트르, 손우성 옮김, 『존재와 무II』, 삼성출판사, 1977, 3부 3장 2절, 135쪽.

않으며, 밤은 흩어지지 않는다."[7]

　애무를 오해해선 안 된다. 그것은 인류가 진화선상에서 몇천 년을 일구어온 촉지각과 그에 근거하는 모든 탐촉探觸 활동(다가가기·더듬기·두드리기·기다리기·경청하기…)에 대한 존재론적 비유다. 시각과 달리, 촉각은 저항성과 대립하지 않는다. **촉감은 저항감 자체다.** 우리는 무언가를 만질 때 대상으로부터의 저항도 느끼지만, 동시에 우리 피부 안쪽에서 오는 몸의 저항도 느낀다. 고로 쓰다듬고 토닥이며 탐촉한다는 것은 그 깊이를 탐색하기 위해 타자와 함께하는 밀당, **저항성의 놀이**와 같은 것이다. "애무는 도망가는 어떤 것과 하는 놀이, 언제까지나 타자인 무언가와 하는 놀이와도 같다."[8]

　좋은 예술이란 애무의 예술이다. 타자를 탐촉해내는 기술이자, 타자와 함께 타자를 탐색하는 놀이다. 이런 까닭으

......................

7　에마뉘엘 레비나스, 김도형·문성원·손영창 옮김, 『전체성과 무한』, 그린비, 2018, 4부 B장, 391쪽, 390쪽, 404쪽, 393쪽. 강조는 인용자.

8　에마뉘엘 레비나스, 강영안 옮김, 『시간과 타자』, 문예출판사, 1996, 4강, 110쪽.

로 좋은 예술가는 볼 때조차 쓰다듬는 것이다. 그에게 붓놀림이란 타자와의 관계를 몸소 살아내고 그 깊이에 잠기는 일이며, 매번의 붓터치는 "대상이 존재케 되는 과정이 곧 작품이 되도록 그를 불러일으키는"[9] 토닥임이 된다.

이와 반대로 나쁜 예술가는 눈으로나 붓으로나 만지려 하지 않는다. 그는 오로지 보려고만 한다. 그는 나르시시스트다. 온 세상이 자신의 그림자로만 보이는 그에게 타자와의 진정한 접촉이란 있을 수 없다. 그래서 그는 대상의 "껍데기"만을 뜯어내다가 자기가 보고 싶은 대로 이리저리 붙이지만, 정작 "자연 속에서 매번 갱신되는 신비를 놓치게 된다."[10]

물렁함의 패러다임은 나쁜 예술가다. 애무의 적이자 촉각의 적이기 때문이다. 대상을 쓰다듬고 토닥거리며 그와의 관계에 잠겨드는 좋은 예술가와 달리, 물렁함의 패러다

......................

**9** Maurice Merleau-Ponty, "Le Langage Indirect et les Voix du Silence"(1952), *Signes*, Gallimard, 1960, p.57. 마티스 부분.

**10** Maurice Merleau-Ponty, "Le Doute de Cézanne"(1945), *Sens et Non-sens*, Nagel, 1948, p.20, p.29. 인상주의 비판 부분.

임은 대상에 잠겨들 인내심도, 대상의 저항성을 환영할 겸 손도 예의도 없다. 그래서 눈으로 쓰다듬기보다는 뜯어보고, 손으로 토닥이기보다는 거머쥐고서 육체를 갈기갈기 찢어다가 제멋대로 떼고 붙인다. 마치 몸을 가진 누구에게도 탐색될 신비가 더는 남아 있지 않다는 듯이. 개인도 이런 공학적 태도를 미학적 태도로 착각하고 또 익숙해져가며, 우리네 육체는 볼 줄만 알지 만질 줄은 모르는 나쁜 예술가로, 자신을 전시할 줄만 알지 다른 몸과는 놀 줄은 모르는 싸구려 나르시시스트로 퇴보해간다. 이를 은폐하기 위해 SNS와 포르노가 공급되지만, 이 역시 저항성의 놀이가 될 수 없다. SNS에는 친구만 있지 타자가 없고, 포르노에는 끈적임만 있지 애무가 없다.

제멋대로 떼고 붙이는 것은 쓰담쓰담도 토닥토닥도 될 수 없다. 예술도 놀이도 될 수 없다. 그 나르시시즘의 캔버스 안에 토닥일 타자도, 함께 놀 저항성도 없다. 물렁물렁한 육체를 쓰다듬고 토닥인다는 것은 불가능하다. 오직 거머쥘 수 있을 뿐. 함께 논다는 것도 불가능하다. 오직 전시될 수 있을 뿐. 물렁함의 패러다임은 **저항성의 놀이**play**를 무저항성의 전시display로 대체함으로써 육체의 적이 되고 예술의 적이 된다.

청각도 촉각이다. 듣는다는 것은 대상이 침묵할 때조차 그가 "침묵으로 말하고자 했던 바를 말하도록" 하는 토닥임이다. 그래서 좋은 예술가는 소리 없이도 듣는다. 타자 내면의 울림과 그 "침묵의 목소리"를. 그런데 인터넷 스펙터클은 타자의 "침묵을 왁자지껄 속에 가둬버린다."[11] 시끌벅적 '좋아요' 잔치를 벌이며.

비대면 문화나 원격조종 놀이가 유행하는 것은 코로나 때문만이 아니다. 그건 상대와 접촉하는 것보다 손도 안 대고 상대를 주물럭거리는 것이 더 큰 희열이 되었기에, 즉 접촉의 불필요성을 증명하고 전시하는 것이 더 큰 미적 쾌락이 되었기에 유행한다. 나르시시즘 미학은 비접촉 미학이다.

만질 줄도 들을 줄도 모르는 나쁜 예술가는 좋은 편집증

........................

11 Maurice Merleau-Ponty, *Le Visible et l'Invisible*, p.61, p.168, p.171. 철학은 "세계가 침묵으로 말하고자 했던 바를 스스로 말하도록 해야 한다"(p.61).

자가 될 뿐이다. 아니면 좋은 스토커가 되거나. 이 시대의 모든 미학적 재난은 **촉각의 실패**에서 온다. 타자의 저항성을 감촉해내는 쓰담쓰담과 토닥토닥의 실패에서. 몸속에 토닥 댈 것이 없으니 몸의 각 부위를 떼고 붙이고(헬스·성형·다이어트 중독), 타인의 몸에서 토닥댈 것이 없으니 타인을 떼고 붙이며(스토킹·가스라이팅), 몸밖에서 토닥댈 것이 없으니 세상마저 떼고 붙인다(편집증·정신분열증·BDD). 모두 "몸과 세계의 접촉면"[12]이 붕괴된 사태다. 아동정신분석학자들도 말하지 않는가. "안아주기"와 같은 촉감놀이에 실패하면 아기는 "피부를 경계로 받아들이는 능력을 상실"하며, 이는 각종 편집증상과 조절장애의 원인이 된다고.[13]

아무리 달라 보여도 헬스중독과 스토킹은 동근원적인 하나의 현상이다. 모두 **타자 햅틱장애**에 의한 자아성형이다.

......................

12  Ibid., notes de travail, déc. 1960, p.324.

13  도널드 위니캇, 이재훈 옮김, 「유아의 성숙과정에서 본 정신장애」(1963), 『성숙과정과 촉진적 환경』, 한국심리치료연구소, 2000, 344쪽. 반면 안아주기가 잘 제공되면 "유아는 내부와 외부, 신체윤곽에 대한 감각을 가지게 된다"(「부모-유아 관계 이론」(1960), 같은 책, 62쪽).

전자가 촉각의 결핍을 '좋아요'로 메꾼다면, 후자는 피로 메꾼다는 점이 다를 뿐. 멋대로 떼고 붙이는 타자는 타자가 아니다. 탐촉되지 않는 사랑은 사랑이 아니다.

오늘날 인간이 이미지의 홍수 속에서 잃어가는 것은 촉각이다. 현대사회의 모든 미학적 문제는 촉각과 시각의 안티노미, 몸과 두뇌의 안티노미에 있다. 미의 획일화만이 문제의 핵심이 아니다. 미가 더이상 탐촉활동으로부터 연역되지 않는 텅 빈 개념이 되어간다는 게 진짜 문제다. 몸을 찬미하는 게 문제가 아니라, 찬미할수록 미가 몸과 몸이 마주치는 진짜 삶과는 아무런 상관도 없는 몸으로부터 뿌리 뽑힌 개념이 되어가며, 결국 미가 삶의 적이 된다는 게 진짜 문제다. 그런 미는 붓놀림이 아니라 칼부림의 변호인이 될 뿐이다.

하지만 고통이야말로 촉각의 웅변이다. 아무리 안락한 일상 속에서도, 아무리 손가락만 까닥하면 다 되는 세상 속에서도 고통은 육체가 항상 우리와 함께 거기에 있었음을, 그것도 항상 타자로서 함께해왔음을 알려준다. 가령 질병이 야기하는 고통은 **나의 몸조차 나에게 타자**였음을, 몸은 언제라도 "나에게서 빠져나가고 물러서는"[14] 타자임을 알려준다. 고통은 육체가 태생적인 저항물질이며, 피부 안쪽에서 그 바깥쪽으로 이어지는 단단한 결속의 산물임에 대한 가장 견실한 증언인 것이다. 고통은 사회적 언어다.

**사적인 고통**이란 없다. 사적인 촉각이란 없기 때문이다. 어떤 고통도 몸속의 결속뿐만 아니라 몸들 간의 사회적 결속을 증언한다. 많은 사회적 덕목들이 이미 촉각성을 전제하고 있다. 촉감 없는 연대란 없다. 고통을 쓰다듬는 약손이 곧 연대다. 촉감 없는 공감이란 없다. 고통을 토닥이는 포옹이 곧 공감이다. 몸을 따라, 몸과 함께 타자들의 결속을 이루는 것은 그때다. "공감이란 약속이다."[15]

타자로 향하는 입구가 따로 있어서 토닥이는 게 아니다. 반대로 토닥여서 두드려야 비로소 입구는 나타난다. 몸이 있어서 쓰다듬는 게 아니다. 반대로 쓰다듬어야 비로소 몸

<hr>

14 장폴 사르트르, 『존재와 무 II』, 3부 2장 3절, 83쪽. 신체의 제3차원 부분.

15 권김현영, 『다시는 그전으로 돌아가지 않을 것이다』, 휴머니스트, 2019, 4장, 162쪽. "공감이란 우리 모두 변화하겠다는 약속이지, 피해자 대신 피해자가 느꼈을 법한 감정을 느끼는 것이 아니다."

은 "태어난다."[16] 타자로서, 타자와 함께.

그런데도 물렁함의 패러다임은 온갖 Trans-(변형·이식·전이…)는 부추기면서도 이런 고통의 전이감각만은 득달같이 차단한다. 그래야 몸이 배타적인 사유물이 되고, 꼭 스토커가 아닌 누구라도 자기 몸에 대한 스토커가 되어 사회 한편에서 누가 죽건 말건, 딥페이크 아바타가 통치자가 되건 말건, 어떤 비명도 목소리도 들리지 않고 자기 자신에 도취되고 마취될 것이기 때문이다. 그래야 나르시시즘이 남는 장사가 되기 때문이다.

물렁함의 패러다임은 세상 모든 사이비 예술의 큐레이터이자 스폰서이기를 자처하며 모든 촉각을 시각으로 환원하는 순수 비주얼아트 한번 해보자며, 저항의 놀이 대신 무저항의 전시를, 고통의 공감 대신 무통증의 변신만을 작품 테마로 제안하고, 붓 대신 메스와 식칼을, 살 대신 실리콘과 마우스를 쥐어주며 사물들 간의 사회적 결속 따위는 애초부터 없었다고, 저 밖에 고통받는 세상이, 아예 만져질 세상

<hr>

16  장폴 사르트르, 『존재와 무Ⅱ』, 3부 3장 2절, 134쪽.

이 없다고, 네 몸만이 유일한 캔버스이자 모든 조소재료라고, 그러니 더 잘라내고 더 절단하라고, 내친김에 타인과의 관계까지 더, 더 떼고 붙이라고 속삭인다. 절단도착증이 불법은 아니라며. 그로써 세상이 어떤 결속도 없이 흩어져 부유하는 두뇌, 지방, 근육, 내장들의 비접촉 클라우드 갤러리가 되도록 유도한다. 유대관계는 와해된다. 몸이 분해되는 만큼 사회는 분해된다.

좋은 예술은 언제나 공공적 성격을 지닌다. 어떤 예술도 육체들이 마주치는 기술인 한, 좋은 붓놀림이란 사물들이 맺는 원초적 결속관계 속으로 들어가 함께 살아내는 것에 불과하기 때문이다. 그곳은 주체와 대상 어느 하나에 독점되지 않아서, 어디 한 군데가 아프면 여기저기 쑤실 수밖에 없는 "익명적 실존"의 광장이며 "누구의 것도 아닌 땅"이다.[17] 몸이란 이런 원초적 연대의 한 매듭일 뿐이며, 그만큼 내 몸은 나만의 사유물이 아니며, 다른 몸들과 함께 살아짐

..........................

17　각각 모리스 메를로퐁티, 『지각의 현상학』, 2부 4장, 529쪽 ; 에마뉘엘 레비나스, 『전체성과 무한』, 4부 B장, 392쪽.

으로써만 살아지는 **실존의 공공재**라는 사실을 알기 전까지는 누구도 좋은 예술가가 될 수 없다.

오늘날 뷰티문화는 성형기술이 대중화되는 것에는 보살처럼 관대하면서도, 삶 자체가 예술이 되는 것만은 펄쩍 뛰며 반대한다. 그럴수록 접촉이 많아지고, 그만큼 저항도 타자도 감촉할 기회가 많아지기 때문이다. 그래서 현대 뷰티문화는 온갖 가상육체와 네트워킹을 공급해대며 육체는 **천부적인 저항물질**이며, 인생사의 어떤 마주침도 육체들의 상호저항에서 성립해왔다는 사실을 부인하려고 한다. 우리가 숟가락을 들거나 길을 걸으며 바람을 느낄 때조차 중력과 공기에 저항을 받고 있다는 물리적 사실도, 행여 감기에 걸리기라도 하면 내 몸조차 나에게 저항하는 타자가 된다는 생물학적 사실도 부인하고 은폐하며, 몸의 사적 소유만이 유일한 경제학이고, 몸의 무저항성만이 유일한 미학이라고 가르치려고 한다. 그로써, 꼭 예술업계 종사자가 아니더라도 몸을 가진 누구나가 서로에게 좋은 예술가가 되어줄 수 있다는 가능성까지 은폐한다.

그 가능성은 그림 같은 성공, 영화 같은 사랑을 성취하는 데 있지 않을 것이다. 이 역시 미리 그려놓은 자기 그림에 대상을 끼워맞추는 나쁜 예술가의 태도다. 외려 서로에게 좋은 예술가가 되어준다는 것은, 우리가 몸의 존재인 한 나만의 삶은 없다는 것을 인정하는 일이다. 또한 몸은 원초적인 저항물질인만큼 원초적인 공공재라는 사실을, 그만큼 몸을 가진 누구라도 타자가 될 권리를 천부받았다는 사실을 인정하는 일이며, 어떤 마주침도, 어떤 사랑도 저항성을 소거하거나 부인하는 것이 아니라, 반대로 **저항성을 함께 살아내는 기술**임을 알고 또 실천하는 일이다. 그로써, 아무리 보잘것없는 몸조차 태어남과 동시에 "적어도 한 번은 자신 속에 암호를 새겨넣은 적이 있으며" 그 "비밀이란 사물들의 결속"[18]에 다름 아님을 아는 일이다. 귀중하지 않은 몸은 없지만 그 이유는 부모가 낳아줘서가 아니라, 세계와 이루는 저 원초적인 결속을 따라 어떤 몸도 스스로 태어나고 있기 때문이다. 어떤 몸도 "누군가의 동의와 허락이 있어야만 존재할 수 있는 것은 아니다."[19]

아무리 볼품없고 누추하더라도 모든 사랑하는 몸은 단단하다. 반대로 아무리 요란한 근육과 탐스러운 지방을 둘렀

더라도 저항을 통감하지 못하는 몸은 사랑을 할 수도 알 수도 없다. 사랑은 저항을 더부사는 기술이다. 사랑은 영원히 촉각적이다.

타자성의 깊이란 설령 그것이 내 몸일지라도 영원히 고갈되지 않는다. 하물며 타인의 몸에 대해서는. 결국 서로에게 좋은 예술가가 되어준다는 것은 서로에게 완전무결한 예술작품이기를 포기하는 일이다. 규소공학과 '좋아요'에 구걸하지 않는 진정한 삶의 미학은 바로 거기서, 즉 타자의 깊이는 정복하거나 완성해내는 것이 아니라, 아무리 사랑하고 탐험해도 타자의 깊이는 언제까지나 다 그려지지 않은 채로 남으리란 것을 인정하는 데서 시작된다. **몸을 가진 그 누구라도 영원히 타자**임을 인정하는 데서. 영영 쓰다듬고 토닥여도 모자랄 영원한 타자eternal other. 촉감만이 저항성을 회복한다. 쓰담쓰담만이 나르시시즘에 저항한다.

나는 몸이 아니다. 오히려 몸이 나라는 동일시로부터 모

..........................

**18** Maurice Merleau-Ponty, *L'Œil et l'Esprit*, p.28, p.64.

**19** 정희진, 『페미니즘의 도전』, 교양인, 2005, 1부, 110쪽.

든 나르시시즘의 폭력이 시작된다. **몸은 타자다.** 단, 몸은 내가 살아내는 타자다.[20] 동시에 몸은 나와 함께 살아가는 모든 이들을 타자로 만들어주는 타자성의 원천이다. 몸 덕분에 우리 모두는 서로에 대해 타자가 된다. 몸은 재료지만 나만의 재료가 아닌, 저항성을 놀며 서로를 발견하게 하는 **삶의 재료**인 것이다. 좋은 예술작품이 그러하듯, 몸은 타자와의 접촉 자체다.

메를로퐁티는 만물이 이루는 원초적인 연대의 원소를 '살chair'이라고 불렀다. 살이 아닌 것은 없다. 몸도 살이고 땅도 살이며, 이 연필도, 저 가로수도, 타인도, 별빛도 모두 살이다. 세계는 무수한 살들이 얽히고설킨 "직물tissu"이며, 몸은 그 위에서 잠시간 맺히는 "응결"이나 "매듭"일 뿐이다.[21] "세계는 몸과 같은 재료로 만들어져 있다."[22] 이것이 다시 나르시시즘은 아니다. 반대로 살의 미학은 몸은 아무리 하찮은 타자라도 동등한 살로서 대접하며, 그가 겪을 모든 행복과 불행은 함께 저항하는 타자들 "한가운데로 내려가는"[23] 겸허를 통해서만 가능하다는 것을 가르쳐준다. 이런 미학은 싸구려도 아니지만, 그렇다고 거창한 것도 아니다. 살의 미학은 그저 삶의 미학이기를 바랄 뿐이며, 몸에 대한 예의와 구분되지 않을 뿐이다. 몸이 공공재라면 삶이야말로 대중예술일 것이다.

20 모리스 메를로퐁티, 『지각의 현상학』, 1부 6장, 307쪽. "나는 몸을 살아내는 것 외에 다른 인식방법을 가지고 있지 않다."

21 Maurice Merleau-Ponty, *Le Visible et l'Invisible*, p.174.

22 Maurice Merleau-Ponty, *L'Œil et l'Esprit*, p.19.

23 Maurice Merleau-Ponty, *Le Visible et l'Invisible*, p.192.

# 모양 없는 육체

초판 1쇄 인쇄 2026년 2월 26일
초판 1쇄 발행 2026년 3월 6일

지은이 김곡

편집 박민애 이희연 정소리 | 디자인 고희주 | 마케팅 김다정 박재원
브랜딩 함유지 김은솔 박민재 이송이 박다솔 조다현 김하연 이준희 신은서
저작권 박지영 형소진 주은수 오서영 조경은
제작 강신은 김동욱 이순호 | 제작처 한영문화사

펴낸곳 (주)교유당 | 펴낸이 신정민
출판등록 2019년 5월 24일 제406-2019-000052호

주소 10881 경기도 파주시 회동길 210
문의전화 031.955.8891(마케팅) | 031.955.2692(편집) | 031.955.8855(팩스)
전자우편 gyoyudang@munhak.com

홈페이지 www.gyoyudang.com
인스타그램 @gyoyu_books | 트위터 @gyoyu_book | 페이스북 @gyoyubooks

ISBN 979-11-24128-36-7  03100